Michela Bianchi
Nuria Sala

Continuamente DANZA

L'INFINITO IN **CORPO**

mc movimenti cambiamenti

Via Vigevano, 45 - 20144 Milano
tel. 02 89408454 fax 02 36529203
redazione@mceditrice.it
www.mceditrice.it

ISBN 978-88-88432-36-6

Ideazione e coordinamento
Michela Bianchi

Progetto grafico
Agostino Carabelli

Impaginazione
Monica Spadini

Illustrazioni
allievi dell'Istituto Europeo di Design di Milano

Immagine di copertina di Francesco Santosuosso

Le illustrazioni delle pagine: frontespizio, 4, 8, 14, 15, 24, 25, 47, 64, 65, 67, 69, 76, 108, 116 sono tratte dalle tavole originali di Francesco Santosuosso

Le illustrazioni pubblicate in questo libro sono state realizzate per la casa editrice MC dagli allievi dell'Istituto Europeo di Design di Milano - Visual Communication. A cura del docente di illustrazione interpretativa Francesco Santosuosso.

MISTO
Carta da fonti gestite in maniera responsabile
FSC® C007287

Questo libro è stampato su carta FSC amica delle foreste (Forest Stewardship Council). Il Logo FSC identifica prodotti che contengono carta proveniente da foreste gestite secondo i rigorosi standard ambientali, economici e sociali definiti dal Stewardship Council.

sommario

Nota per i lettori

Per esigenze tipografiche e per facilitare la lettura, si è scelto di trascrivere i termini in lingua sanscrita, hindi, araba e cinese senza segni diacritici.

Sembrerebbe che la danza le cose e sia apparsa insie

infatti vediamo questa danza primordiale chiaramente esposta nella danza delle costellazioni, nei pianeti e nelle stelle fisse, nel loro intrecciarsi e avvicendarsi e nella loro armonia ordinata.

Luciano di Samosata

sia nata al principio di tutte
me ad Eros, l'antico

Tutti i pianeti danzano intorno al sole, e il sole stesso, tanto grande e pesante da non sopportare movimento alcuno, ruota su se stesso, travolto dal piacere della danza.

La danza non è dopo tutto che una Forma del Tempo.
Non è che la creazione di una specie di tempo, o di un tempo di genere completamente distinto e singolare.

Paul Valéry

La vita è una donna
che danza e che
finirebbe divinamente
d’esser donna se
lo slancio che la
solleva potesse
lei obbedirvi sino
alle nuvole.
Ma come noi non
possiamo andare
all’infinito, né
in sogno né
in veglia,
egualmente lei
torna sempre
se stessa:

termina d’esser
piuma, uccello,
idea, e insomma
ogni cosa in cui
al flauto piacque
di tramutarla, in
quanto la terra
medesima che
la respinse ora
la richiama e
la restituisce
anelante
all’indole sua
di donna e
all’amato.

Ma da parte
mia, Socrate, la
contemplazione della
ballerina quante cose
mi rende concepibili,
e quanti legami
di cose che sul
momento si mutano
nel mio proprio
pensiero e in qualche
modo pensano in luogo
di Fedro. Sorprendo
in me bagliori che non
avrei per nulla ottenuto
dall’unica e sola presenza
della mia anima.

Paul Valéry

Sta arrivando la danzatrice del futuro ...

L'intelligenza più elevata nel corpo più libero

Isadora Duncan

Ed è un Dio a danzare, se io danzo

Friedrich Nietzsche

Mostrar

Mostrare l'invisibile

di Michela Bianchi

La danza è una delle arti più antiche, un atto di creazione, una forma dell'esistenza e anche una forma di pensiero che si incarna nel corpo. Ma chi pratica quest'arte, in genere, non ha voce: "Quando mai hanno la parola i danzatori?", si chiede il grande Dominique Dupuy. "Quando si concede loro la parola, si dà loro l'occasione di prenderla?"

Con questo libro ho scelto di soffermarmi e indagare sulla danza come "scrittura del corpo", attraverso un percorso che nasce proprio dal rapporto diretto con chi la danza la pratica e la elabora, cercando di portare il lettore a stretto contatto con il gesto e il movimento. In questo senso il progetto grafico è stato pensato per rendere la poetica e l'intelligenza del gesto, la tensione del corpo in movimento e la sua capacità di dilatare lo spazio e oltrepassarlo. Ciò grazie alle suggestive immagini dell'artista Francesco Santosuosso e alle illustrazioni degli allievi dell'Istituto Europeo di Design di Milano che hanno lavorato, a partire dai testi, sotto la sua direzione.

Questo libro si interroga su cosa sia oggi la danza per noi e su cosa possa offrirci oggi quest'arte: lo fa ricordando a grandi pennellate le tappe della sua storia, in un continuo rincorrersi tra passato e presente; e sostando su e l'invisibile

quella rivoluzione novecentesca che ha portato in Occidente una profonda riflessione sulla corporeità, sulla centralità della danza e sul recupero del suo aspetto sacrale.
Quali sono i protagonisti della danza contemporanea? Quali sono state le influenze e le contaminazioni con il mondo dell'arte? Quali le idee che hanno trasformato il senso e il modo di danzare?
Molto spazio è dedicato alle tante forme di ricerca nella contemporaneità, anche dialogando con importanti critiche, ricercatrici e docenti italiane, come Eugenia Casini Ropa, Elisa Guzzo Vaccarino e Marinella Guatterini.
Il mio desiderio era dare finalmente la parola a chi danza: Nuria Sala, danzatrice, coreografa e docente di danza indiana Bharatanatyam, in queste pagine racconta e si racconta, partendo dalla sua vasta esperienza di lavoro in varie parti del mondo in un continuo scambio di idee con altri danzatori e artisti.
La danza disegna la storia dell'uomo ma difficilmente il nostro sguardo riesce ad abbracciarne tutte le sue manifestazioni: per questo, in collaborazione con Nuria, ho cercato di tenere il filo di una narrazione in grado di mostrare le diverse dimensioni della danza, il suo divenire incessante, e di indicare nello stesso tempo la sua verticalità.

"Queste dita che parlano, questo silenzio eloquente, questo narrare del gesto sono considerati invenzione della musa Polimnia: ella voleva mostrare che gli uomini possono esprimere la loro volontà senza l'aiuto della parola."

Cassiodoro

PRIMO MOVIMENTO

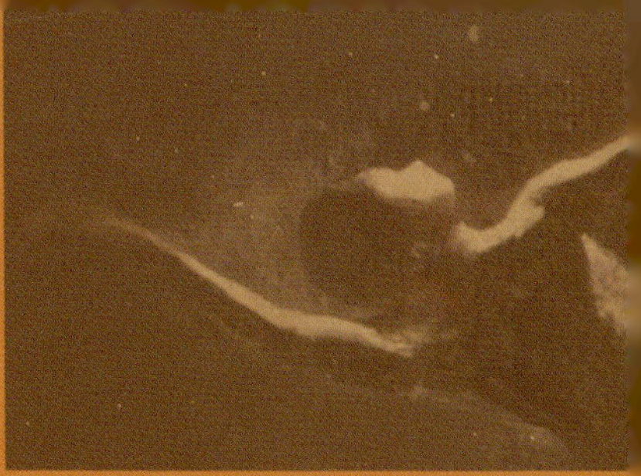

Io vi dico:
bisogna avere ancora il caos in sé per poter partorire una stella danzante

Friedrich Nietzsche

Prima d'imprimere o tracciare sulla materia la sua esperienza, l'uomo la esprime con il proprio corpo attraverso la danza: gioia, dolore, nascita, morte, paura, tutto per i primi uomini è danza

Tra danza e vita esiste un rapporto profondo, può manifestarsi in modo forte o lieve, ma è comunque sempre riconoscibile.
Una tenace tradizione, in Occidente, ha per molto tempo nascosto e negato alla danza la sua matrice originaria di legame tra corpo e coscienza, tra interno ed esterno, tra sensibile e ultrasensibile. La danza è un'arte eminentemente antidualistica, come ci ricorda Caterina Di Rienzo, è una relazione armonica di opposti, per parafrasare le parole di Bachelard: in quel "primo movimento" spirito e corpo coesistono, così come coesistono il sé e l'altro.
Mantenere la memoria del "primo movimento" che unisce mente e corpo, cielo e terra, può significare mantenere un tempo-spazio-luogo dove questa possibilità di unione è presente.

Danzare nel ventre della terra era un atto iniziatico per i nostri antenati

di Nuria Sala

La potenza e la forza della terra, la sua bellezza, le sue fragranze, i suoi infiniti frutti, le sue acque; tutto è per l'uomo originario fonte di meraviglia e di paura. **Così la danza nacque come formula magica**, come incantesimo, per onorare la terra e allontanare l'inquietudine dal cuore.
Iniziare significava penetrare nella terra, addentrarsi nel grembo della Madre Terra, dea femminile presente in tutte le culture primordiali. Le caverne, le grotte scavate sotto terra o nelle montagne furono i primi siti di culto. Nel grembo della terra oscuro, silenzioso, accogliente, fecondo, si celebrava la vita danzando, liberando e trasformando la materia stessa, raggiungendo la luminosità e la leggerezza che vive nella profondità del corpo e della materia.
Nelle prime civiltà arcaiche di cacciatori e di agricoltori, troviamo tracce delle danze rituali come parte essenziale e integrante della sacralità della vita.
La danza intensa e immateriale, nella sua immediata comunicazione e con il suo magico potere unificatore ha costantemente fatto parte della storia dell'uomo; concedendoci di volta in volta l'abbraccio con l'eternità.

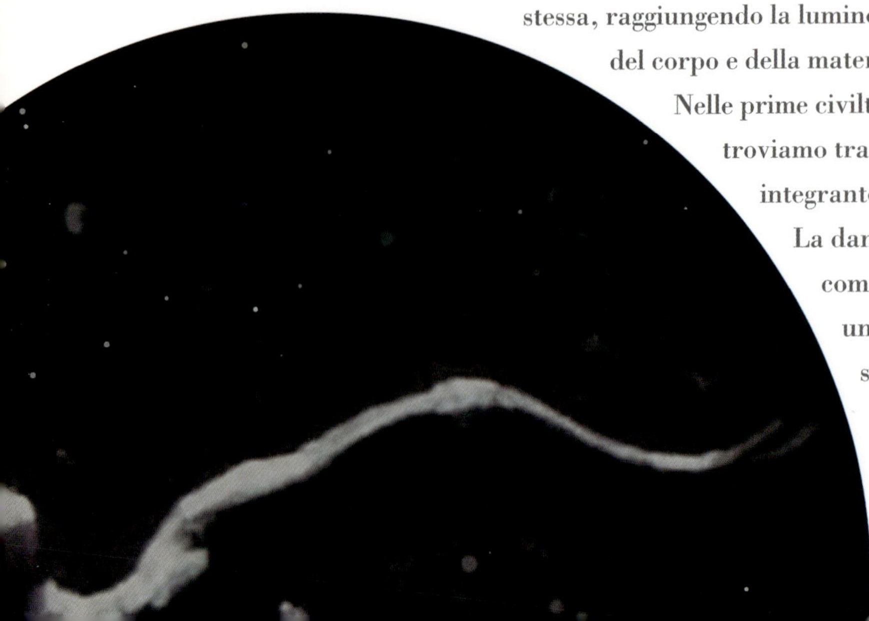

Il Centro dà movimento ad ogni cosa

Il Centro sacro, divino, si celebrava danzando: **girare attorno al Centro è un modo per rimanere in relazione costante con la fonte dell'essere.** Le danze in cerchio sono non solo la più antica, ma anche la più diffusa forma di danza, un'immagine del "cerchio cosmico". Ancora oggi danzare in cerchio evoca significati ed emozioni molto profonde. Essere in cerchio, mano nella mano, ci indica che ognuno è connesso a tutti gli altri, e rivela l'assoluta uguaglianza tra i partecipanti. La danza in cerchio significa armonia, il ciclo senza inizio e senza fine, la ruota della vita.

Si ritrova il movimento circolare nella celebrazione del matrimonio cristiano come nel rito bizantino, la cui liturgia prevede una triplice danza in cerchio del sacerdote e degli sposi.

La Sardana, danza popolare della Catalunya, si balla in cerchio seguendo la musica che suona la Cobla, un'orchestra formata da undici musicisti. Tutti possono partecipare, in qualunque momento si può entrare nel cerchio e danzare, da soli o in coppia. Una vibrazione continua attraversa il corpo di chi danza mentre si punteggiano i passi; è il tamborì, lo strumento a percussione, che da questo ritmo continuo.
La Catalunya ebbe il primo Parlamento Europeo molto prima dell'Inghilterra, e la sua danza, la Sardana, è una danza che **rispecchia il senso democratico di questo popolo.** Le danze rituali e le processioni attorno alle montagne sacre sono una delle attività religiose più antiche che esistono. Venerare il mistero, danzando e girando intorno al santuario collocato nel cuore dell'edificio sacro, è ancora oggi una pratica ricorrente. Questo rituale viene eseguito in diversi luoghi di culto: lo Stupa di Borobudur, l'immenso e misterioso tempio dell'isola di Giava, la Kaaba, il santuario islamico a forma di cubo che si trova nella città santa della Mecca in Arabia Saudita, il Monte Kailash in Tibet, montagna sacra che rappresenta l'ombelico del mondo, il centro sacro della terra, punto d'incontro tra cielo e terra; così come lo era il Monte Olimpo per i Greci, il Monte Sion per gli Ebrei, il Golgota per i Cristiani. Raggiungere questo luogo significava dimenticarsi di se stessi per trovare il sé profondo.

NS

16

Il Centro è l'origine del tutto, senza forma e senza dimensioni e, dunque, come osserva René Guénon, "la sola immagine che si possa dare dell'Unità primordiale". Tutto ciò che vive, si muove, muta, si trasforma ha origine dal Centro, ruota attorno al Centro. "Il punto centrale è il Principio, l'Essere puro", scrive Guénon, "e lo spazio che esso empie del suo irradiamento e senza il quale lo spazio non sarebbe che privazione e nulla, è il Mondo nel senso più ampio della parola, l'insieme di tutti gli esseri e di tutti gli stati d'esistenza che costituiscono la manifestazione universale". La rappresentazione più semplice di questa idea è il punto al centro del cerchio: il punto è l'origine, il cerchio è il mondo.

Danzare in cerchio, nessuno è l'inizio, nessuno è l'ultimo...

La simbologia della danza in cerchio ci dice che nessuno può ritenersi più importante dell'altro, mentre tutti sono rivolti verso colui che è al centro della vita di ognuno.
"**Io venero il cerchio delle dee eternamente attive nel mio corpo, sempre presenti in tutti gli esseri**", recita il filosofo e poeta indiano Abhinavagupta, "e l'essenza della pulsazione raggiante dell'esperienza".

Intorno all'albero, centro del mondo...

Danzare in cerchio attorno all'albero è espressione stessa della vita che si rigenera incessantemente. È una tradizione in cui si ritrova l'eco di riti antichissimi.

Nell'albero si sente la vita del cosmo, la sua densità, la capacità e la sapienza di generarsi e rigenerarsi: la vita senza morte o la vita nella morte, per tornare all'idea dell'unione degli opposti. Questa intuizione si traduce, secondo il pensiero di Mircea Eliade, sul piano ontologico, in realtà assoluta: l'albero diventa questa realtà, diventa il centro del mondo. La sua forma verticale trasforma, a livello simbolico, il centro in "asse": la vita sotterranea sale fino al cielo,

i tre mondi, inferiore, terrestre e celeste, sono messi in relazione. L'albero è asse del mondo e l'uomo danza intorno a questo sacro centro.
Per Eliade anche gli alberi "cosmici" svolgono la funzione di "asse dell'universo":

> "Nei miti e nelle leggende sull'Albero della Vita abbiamo spesso trovato implicita l'idea che esso si trova nel centro dell'Universo e collega Cielo, Terra e Inferno. Questo dettaglio di topografia mitica ha valore particolarissimo nelle credenze dei popoli nordici, sia altaici che germanici e centro-asiatici, ma la sua origine è probabilmente orientale (mesopotamica)."
>
> *Albero - "Axis Mundi"* in *Trattato di storia delle religioni*

Il corpo è l'Universo.
Tu sei l'Universo, tu contieni l'Universo

di Nuria Sala

Il corpo nell'atto di danzare si libera, trascende il suo limite e acquista un potere magico, fa esperienza del sé profondo, entra in un'altra dimensione permettendo all'anima di trarne felicità e gioia divina.

I significati simbolici e le funzioni della danza nell'evoluzione di ogni cultura sono molteplici perché la danza è

**atto magico, preghiera, sacrificio,
celebrazione, trance, guarigione,
spettacolo, opera d'arte,
espressione del mondo interiore.**

La danza è la forma più antica d'arte; prima d'imprimere o tracciare sulla materia la sua esperienza, l'uomo la traduce danzando con il proprio corpo: gioia, dolore, nascita, morte, terrore, tutto per i primi uomini è occasione per danzare. La danza era atto magico, liberazione d'energia, intenso pulsare di ritmi, movimenti e gesti ripetitivi; eseguiti in modo spontaneo e libero, verso la trance e l'estasi.

Soltanto con il passare del tempo la danza diventerà rito, culto religioso, trasformando i suoi movimenti in gesti e passi codificati.
La finalità originaria della danza era quella di avvicinarsi al divino, di rivolgersi a Dio danzando nell'abbandono di se stessi. L'uomo impara a conoscersi proiettandosi sull'immagine degli dei, penetrando così nel mistero dell'esistenza; imitando la divinità opera la propria emancipazione, diventando egli stesso creatore.
Il danzatore, nel tentativo d'imitare la divinità adorata, esegue una metamorfosi, cercando di trasformare se stesso in un dio e di attingere alla dimensione sacra dell'esistenza.
Danzando l'uomo trascende la sua frammentazione, riprende contatto con il sé profondo e sente di far parte dell'Universo, recuperando il senso della totalità della vita.

Gli alberi danzano e io con loro...

La brezza si fece costantemente più forte fino a diventare vento e questo vento in pochi istanti, si fece impetuoso. Gli altissimi alberi si scatenarono; pur fissi alle antiche radici si muovevano, danzavano, facevano roteare come in un vortice le alte fronde. Gli alberi danzavano anche con l'erba e con le stelle nella notte e io ero lì con loro lontano da casa.

COSCIENZA

Chi non danza non sa cosa succede

Inno gnostico

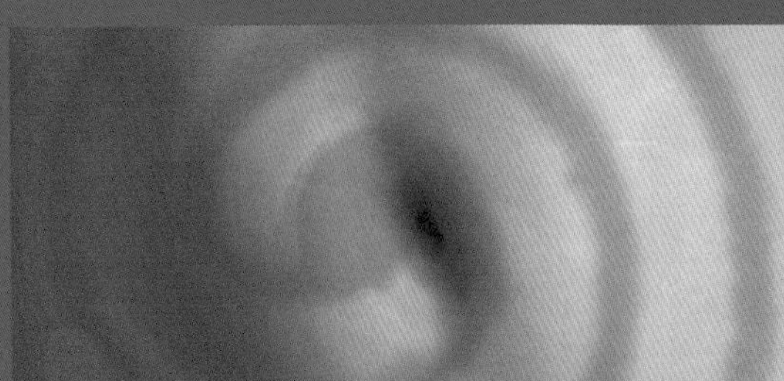

Il gesto della danza,

da sempre espressione dei movimenti dell'anima, nel tempo si articola, si affina, assume dinamiche complesse, dà forma alle emozioni: è gesto della coscienza

Danza, hai il potere di produrre continuamente una nuova forma, risvegli energie latenti che danno presenza al mondo; e il danzatore si trasforma, vive in un corpo nuovo...

"È impossibile trovare", scrive Luciano (*Peri Orcheseos 15.117*), "un solo mistero antico in cui non vi sia danza".

Dio iniziò la creazione del mondo dall'ombelico, e da lì si diffuse in tutte le direzioni. Così il mondo fu inteso come un embrione che dall'ombelico cresceva a spirale.

Sullo scudo eseguito da Efesto per Achille è rappresentata una celebre danza in cerchio che viene così descritta da Omero nell'Iliade:

"E una danza vi ageminò lo Storpio glorioso;
simile a quella che in Cnosso vasta un tempo
Dedalo fece ad Ariadne riccioli belli.
Qui giovani e giovanetti che valgono molti buoi,
danzavano, tenendosi le mani pel polso:
queste avevano veli sottili, e quelli tuniche
ben tessute vestivano, brillanti d'olio soave;
ed esse avevano belle corone, questi avevano spade
d'oro, appese a cinture d'argento;
e talvolta correvano con i piedi sapienti,
agevolmente, come la ruota ben fatta tra mano
prova il vasaio, sedendo, per vedere se corre;
altre volte correvano in file, gli uni verso gli altri."

Omero ricorda quella danza in cerchio che l'artista Dedalo compose a Cnosso per Arianna. I danzatori si muovono ricostruendo una complessa struttura a labirinto, composta da cerchi e spirali: un luogo per danzare, un edificio o una figura spiraliforme destinata a essere danzata? Per Károly Kerényi fu sicuramente questo in origine (e venne infatti danzata a Delo dai giovani che Teseo aveva salvato dal Minotauro), ma Omero volle descrivere entrambe le cose, una danza a spirale e una struttura costruita per danzare.

Ludwig Weniger, agli inizi del Novecento, tentò di illustrare quanto Omero descrive dello scudo di Achille: nella banda figurata più esterna appare il "choros", la danza in cerchio.

I danzatori, fa notare Kerényi, si muovono lungo uno stretto passaggio "che si snoda in forma di meandri, con i quali – a imitazione dei meandri a svastica delle monete di Cnosso – dovevano essere indicate le circonvoluzioni della pista della danza".

Che cosa esprime l'uomo attraverso questo movimento, nella danza e nel disegno? La stessa cosa che il liquido germinale produce nell'essere vivente: l'eterno mantenimento della vita entro la morte.

Per Kerényi, la spirale "non è un 'gesto' primordiale dell'uomo; è, in quanto movimento, un **'avvenimento' primordiale**, al quale si partecipa. La spirale-orbita solare non si costruisce geometricamente: la si riconosce invece come linea simile a quella cui ci si abbandona nel celebrare la festa, muovendosi in cerchio, per subire la morte e vincerla".

La spirale si danza

di Nuria Sala

La spirale è il segno per eccellenza del movimento energetico; è uno dei simboli più utilizzati dalla popolazione umana nell'arco della sua storia; dalle pareti delle grotte primitive ai vasi classici, dai templi iniziatici alle cattedrali, dai monili sacri fino ai moderni crop circles. La spirale indica espansione, crescita, sviluppo, rappresenta la forza dinamica primaria che sta all'origine della creazione e dunque il potere creativo dell'universo che emana dall'ombelico (Omphalos). Rappresenta i profondi meandri della mente nella forma del labirinto, è simbolo di vita eterna, del flusso dell'acqua e degli eventi, della continua creazione e dissoluzione delle forme, del passaggio tra vita, morte e rinascita. **La spirale richiama l'eternità**: perennemente in rotazione su se stessa, espandendosi e contraendosi, ha un centro e una circonferenza intercambiabili, e non ha né inizio né fine. Nelle danze sacre il danzatore evoca questo magico potere e cerca di entrare in intima connessione con il flusso della vita.

NS

Il Labirinto e la sua Signora

"Per tutto il tempo i danzatori si erano tenuti per mano in modo da non smarrirsi, per non annullarsi, per tornare indietro..."

A Cnosso c'era dunque un Labirinto su cui regnava La Signora, Ariane, la "purissima" e, secondo Kerényi, il Labirinto non è solo un edificio. "Che sfera di dominio potrebbe mai rappresentare per una dea il labirinto", si domanda l'autore, "se questo termine stesse a indicare soltanto una costruzione prodotta da mano umana? Il regno di quella dea non era un edificio; ciò che l'artista Dedalo costruì poteva essere solo la copia dell'universo su cui la dea dominava".

Prima di Omero il mondo degli Inferi era pensato come un labirinto a spirale; la possibilità di ritornare da quel mondo veniva chiesta come grazia alla Regina degli Inferi. Laggiù la Signora del Labirinto regnava nelle vesti di Arianna, Ariane: questo appunto significa il suo nome, che nella concezione greca, spiega Kerényi, dovette sembrare particolarmente adatto alla Regina degli Inferi, detta anche con nome pregreco Persefone.

PERENNE RINNOVAMENTO

"La Signora del Labirinto", scrive Alessandro Zabini, "**rappresentata nella danza a spirale, è l'immagine della vita come perenne rinnovamento e continuazione infinita**, in cui dalla morte si poteva tornare".

"... ciascuno, danzando sul prato, discendeva a poco a poco in se stesso, nelle profondità più abissali e più intime, verso il proprio centro."

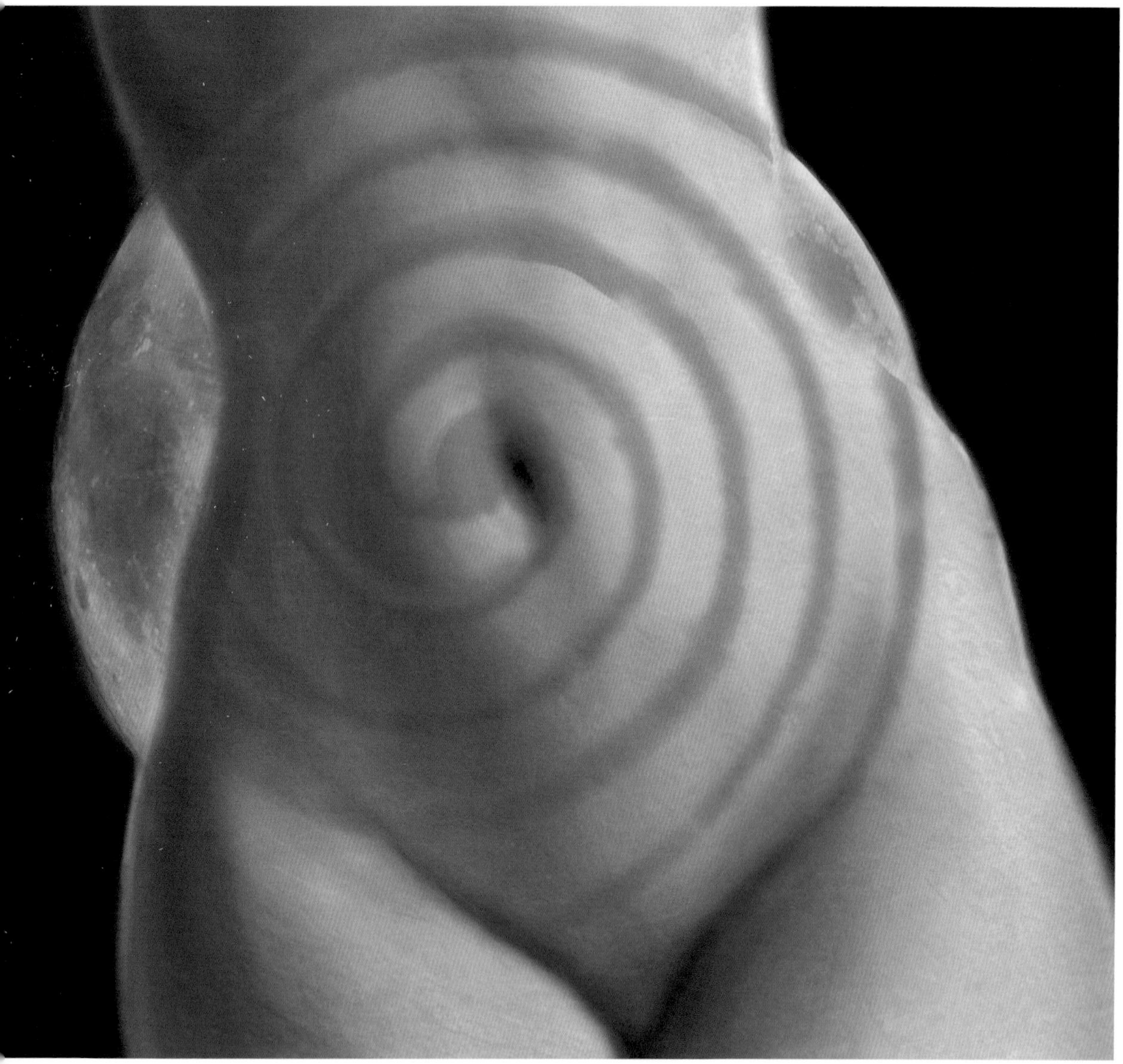

"Così, avvolgendosi e svolgendosi, la spirale si chiudeva sempre di più verso il proprio centro, mentre ciascuno, danzando sul prato, discendeva a poco a poco in se stesso, nelle profondità più abissali e più intime, verso il proprio centro. In seguito a tale incontro, l'anima poteva varcare di nuovo la soglia dell'Altrove, ritornare indietro, al centro interiore, che allora si richiudeva. Per tutto il tempo i danzatori si erano tenuti per mano in modo da non smarrirsi, per non annullarsi, per tornare indietro..."

Kerényi **collega l'origine del labirinto con le più antiche danze a spirale,** che si riscontrano in molte culture anche distanti geograficamente tra loro.
Cita l'esempio della "Danza Maro", in Polinesia, ballata da nove uomini in spirali intrecciate a nove volute per nove giorni e nove notti; secondo la leggenda (la storia della fanciulla Hainuwele), al centro delle danze sta "Mulua Satene" (una "Kore") che simboleggia una porta d'accesso; gli uomini che non riescono a varcare la porta vengono trasformati in animali, coloro che la superano affronteranno un faticoso viaggio iniziatico.
La danza del labirinto a Roma è ricordata da Virgilio, Plinio, Tacito e Svetonio. Danze simili a forma di spirale sono tuttora praticate, secondo Alain Daniélou, dalle tribù ***munda*** dell'India.

Entrare e uscire dal labirinto

Entrare e uscire dal labirinto avviene solo a certe condizioni, ovvero attraverso la conoscenza della via. Entrare nel labirinto è incontrare la morte, il ritorno è la rinascita alla vita, la rigenerazione.

"Teseo, di ritorno da Creta, giunto a Delo, e, avendo compiuto un sacrificio al dio dell'isola, dedicò ad Afrodite la statua che Arianna gli aveva donato, e danzò con i giovani Ateniesi una danza che è tutt'ora ancora preservata dagli abitanti di Delo, e che consiste in movimenti tortuosi ed attorcigliati, che rievocano il labirinto. E questa danza, come scrive Dicaearchus, è chiamata "Gru" (Geranos)". Così scriveva Plutarco nella "Vita di Teseo". Singolare il lungo percorso della Danza delle gru: "Sarebbe curioso intravedervi", osserva Alberto Testa, "un anticipo di certi volatili sulla scena ballettistica del nostro teatro di danza occidentale. La disposizione caratteristica di quattordici giovani, sette ragazze e sette ragazzi, rappresentava il volo di un gruppo di gru e aveva una successione

INCONTRARE LA MORTE

di sviluppi ondulatori per cui quella catena ricordava, a guisa di serpentina, il faticoso procedere di Teseo nel labirinto di Cnosso". Quei danzatori, rileva ancora Testa, possono essere considerati dei ballerini professionisti ante litteram, in quanto erano retribuiti e devolvevano poi i compensi all'acquisto di offerte per le divinità.

E notava ancor prima Robert Graves: "Quando Teseo e i suoi compagni eseguirono la Danza delle gru fu la prima volta che uomini e donne ballarono insieme. Questa danza è eseguita in diverse città della Grecia, dell'Asia Minore e così pure dai bimbi della campagna italiana poiché da questa danza ebbe origine il Gioco di Troia".

Le "Gymnopedies" sono tre composizioni per pianoforte di Erik Satie, pubblicate nel 1888 e ispirate alla poesia "Les Antiques" del poeta francese Patrice Contamine. Il fascino straordinario di questa musica è collegato anche alle sue origini lontane: un'antica cerimonia greca in cui giovani adolescenti danzano nudi. Il termine francese "Gymnopédie" (in italiano "Gimnopedie" o "Ginnopedie") deriva dal greco "Gymnopaidia" e significa **"la festa dei fanciulli nudi".** Erano festività religiose celebrate a Sparta in onore di Leto e dei suoi fanciulli, del dio Apollo e di sua sorella Artemide; anche Platone ne parla nelle "Leggi" (1.7.633).

Furono proprio quegli dei che ci sono stati a farci dono del ritmo

Costantin Brancusi realizza personalmente i costumi di scena disegnati per un'esibizione ideata sulle "Gymnopedies" di Satie dalla danzatrice rumena Lizica Codreanu che eseguirà la danza nello studio dello scultore: siamo nel 1922. La Codreanu fa parte di quel gruppo di innovatori nel campo della coreografia, alla stregua della più nota Mary Wigman, che hanno saputo elaborare un'espressione gestuale aderente alle nuove forme artistiche. Ancora una volta e riprendendo le parole di Luciano di Samosata, "la vera natura di ogni danza è la storia antica, di cui il danzatore deve ricordarsi agevolmente gli episodi e renderli con grazia".

"La vera natura di ogni danza è la storia antica, di cui il danzatore deve ricordarsi agevolmente gli episodi e renderli con grazia. Bisogna, dunque, che egli conosca perfettamente tutto quello che è successo dopo il caos e la nascita del mondo, sino a Cleopatra regina d'Egitto. La conoscenza del danzatore deve comprendere, secondo noi, tutto questo periodo. Deve quindi conoscere... l'astuzia di Hera/Giunone, l'amplesso di Semele, la doppia nascita di Dioniso/Bacco... ma soprattutto le erranti corse di Cerere, Proserpina ritrovata... l'agricoltura inventata da Trittolemo... poi Scilla e il capello di porpora... il viaggio di Cadmo, il riposo della vacca, i denti di serpente, la nascita dei seminati guerrieri, la trasformazione di Cadmo in serpente... La Fenicia annovera Mirra e il doppio dolore assiro: il danzatore deve conoscere tutte queste vicende sino alle più recenti..."

Luciano di Samosata

offerti come compagni di danza e dell'armonia come espressioni del piacere

Platone, ***Leggi***

CREAZIONE

Danza che muovi la vita

Il mondo si crea danzando

Il creatore danza il mondo e la danza degli uomini mostra la sua opera, continua la sua opera. Tutto ciò che vive può essere espresso in termini di ritmo, movimento e danza

Tutto ciò che vive è ritmo, movimento, danza

"Nella notte di Brahma la Natura è inerte e non può danzare finché non lo vuole Shiva: Egli si desta dalla sua estasi e, danzando, invia attraverso la materia inerte onde pulsanti di un suono che provoca il risveglio; ed ecco che anche la materia danza prendendo la forma di un'aureola intorno a Lui. Danzando Egli ne tiene vivi i molteplici fenomeni. Nella pienezza del tempo, sempre danzando: Egli distrugge con il fuoco tutte le forme e i nomi e concede nuovo riposo.

Questa è poesia ma anche scienza."

Ananda K.Coomaraswami

Secondo l'antica cosmologia indiana, la materia, la vita, il pensiero stesso non sono che relazioni energetiche, ritmo, movimento e attrazione reciproca: la somiglianza di questa concezione a quella della fisica moderna è impressionante.
Fritjof Capra, nel suo celebre testo *Il Tao della fisica*, dedica molte pagine alla danza cosmica di Shiva e a quella profonda "intuizione" sull'origine della vita. L'intero universo è impegnato in un movimento senza fine, in un'incessante danza cosmica di energia.
Più di uno scienziato per spiegare le interazioni fra le particelle subatomiche ha usato la parola "danza". Capra cita il fisico Kenneth Ford che parla di "danza di creazione e distruzione" a proposito del comportamento dei protoni.

Il mondo venne creato danzando...
e così furono il sole,
la luna,
le stelle...

"Sembrerebbe che la danza sia nata al principio di tutte le cose e si sia manifestata contemporaneamente ad Eros, l'antico, poiché vediamo questa danza primordiale chiaramente esposta nella danza delle costellazioni, e nei movimenti intrecciati dei pianeti e delle stelle fisse, e nei loro rapporti di armonia ordinata."

Luciano di Samosata

Creazione e danza sono unite nelle mitologie delle culture a noi più vicine: sumeriche, greche, ebraiche. La dea greca Eurinome, che danza creando il mondo, sarebbe secondo Robert Graves la continuazione in Grecia di un mito precedente, diffuso in tutto il bacino del Mediterraneo, collegato alla divinità creatrice dell'uovo cosmico.

Il nome di Eurinome richiama Colei che abita i grandi spazi e il mito che ci è stato tramandato parla di una dea primordiale, emersa nuda dal caos, che aveva tantissima voglia di danzare, ma nessuna superficie dove posare i piedi... Allora per prima cosa divise il cielo dal mare e, sola, si mise a volteggiare sulle onde. Si creò un vortice attorno al suo bel corpo, ed era questo il vento di Borea. Eurinome lo afferrò, lo avvolse torcendolo come una corda e così facendo lo trasformò nel serpente Ofione. La dea continuò la sua danza a un ritmo sempre più incalzante, e Ofione, ebbro di desiderio, si unì a lei. E così – come in seguito è raccontato dalla mitologia greca del fecondo vento del nord che ingravida le giumente passando loro accanto – Eurinome rimase incinta. E subito si mutò in bianca colomba e danzando sulle acque depose l'uovo universale. Poi chiese a Ofione di avvolgere sette volte l'uovo con le sue spire;

la dea lo tenne stretto finché non si dischiuse e da quello uscì tutto ciò che esiste: il caldo sole, la candida luna, le stelle brillanti e i pianeti e la terra tutta con i monti incantati, i fiumi sinuosi e le erbe e gli alberi maestosi e i teneri fiori.

Secondo Graves, Eurinome si collega a "Iahu" ("divina colomba"), che sarebbe stato il nome onorifico attribuito dai sumeri alla dea creatrice dell'uovo cosmico.
La danza di Eurinome sulle onde, dopo aver separato il cielo dal mare, e il vento da cui formò il serpente richiamano il mito narrato nella Genesi (Gen 1, 1-7), in cui lo Spirito di Dio "aleggiava sulle acque", e "separò le acque dalle acque". Il vento fecondo è il ruah Elohim, il respiro di Dio all'origine del mondo.

La condizione dell'esistenza è quella di ruotare

"Tutto il creato, dal pulviscolo del sole ai firmamenti, gira e danza: danza l'ape per fabbricare il miele, danza il cuore come gemma sfaccettata nel fuoco dell'amore... fa parte della danza del cielo il ballo tondo sulla terra; chi ne conosce la forza, vive in Dio."

Mevlana Celaleddin Rumi

Il pronipote di Rumi, Celaleddin Bakir Celebi, ha scritto: "La scienza contemporanea conferma definitivamente che la condizione fondamentale della nostra esistenza è quella di ruotare. Non vi è alcun oggetto, nessuna entità che non giri e ciò che accomuna tutti gli esseri è la rivoluzione di elettroni, protoni e neutroni negli atomi che costituiscono la struttura di ciascuno di essi. Come conseguenza di ciò, tutto ruota e l'uomo esercita la sua vita, la sua stessa esistenza, per mezzo della rivoluzione degli atomi, pietre strutturali del suo corpo, della rivoluzione del suo sangue, del ciclo di nascita dalla terra e del ritorno a essa, del suo ruotare con la terra stessa. (...) Il Semazen [il Mevlevi che ruota] provoca la mente a partecipare al minimo comune denominatore che lo accomuna agli altri esseri, alla rivoluzione..."

Il derviscio compie un particolare esercizio interiore che ha lo scopo di lavorare sui ritmi del proprio organismo e sugli squilibri esistenti tra le varie parti del corpo, specialmente tra il centro di "coordinazione motoria", il centro "intellettivo" e quello "emozionale". L'esercizio continuo e consapevole permette di raggiungere uno stato di coscienza sempre più duraturo, una stabilità permanente.

Fa parte della danza del cielo

Mevlana Celaleddin Rumi, il grande poeta e mistico persiano del XIII secolo, fondatore della confraternita Sufi Mevlevi dei "Dervisci Ruotanti", adottò la danza come veicolo privilegiato di comunione con Dio e con l'universo, codificando una vera e propria ritualità cosmica. Il rituale ha inizio con una lenta preghiera, rivolta al profeta Maometto, dopo i danzatori si tolgono i mantelli neri e chiedono alla loro guida spirituale, il Semazen, il permesso di danzare. Ricevuta la benedizione, il derviscio dà inizio alla sua danza, con le braccia incrociate sul petto incomincia lentamente a volteggiare, il suo piede sinistro è saldamente appoggiato sulla terra raffigurando l'asse immobile; cominciando a muovere il suo piede destro inizia a girare come fosse un pianeta che volge intorno al suo asse. Gradualmente si espande sciogliendo le sue braccia e inchinando la testa sulla spalla destra, gli occhi sono fissi

sul palmo della mano sinistra, alza il suo braccio destro per ricevere l'emanazione divina, e fa scendere il braccio sinistro per ridare alla terra questo dono.

Gira e gira sempre più velocemente, come se dalle sue rivoluzioni si collegassero cielo e terra, mentre il suo asse e il suo cuore rimangono assolutamente immobili, il suo spirito si eleva. Ripercorrendo probabilmente le danze astrologiche dei Parsi, i dervisci descrivono i movimenti dei pianeti intorno al sole; quando i danzatori raggiungono una dimensione estatica, la musica si ferma, i dervisci continuano a roteare nel silenzio (fino talvolta a raggiungere, si dice, addirittura uno stato di levitazione), alla fine un flauto solitario riporta dolcemente i danzatori alla realtà ordinaria.

il ballo tondo sulla terra...

Come in generale per lo sciamanesimo e per la ritualità collegata, si deve parlare di dervisci anche in senso femminile: le dervisce del Nord Africa seguono pratiche molto più antiche di quelle previste dai riti islamici e spesso collegate ai riti di guarigione. In Tunisia le dervisce curano gli ammalati dalle possessioni dei *jinn*. Nel rituale, le donne suonano i tamburi per sollecitare ed evocare i *jinn* e sapere quale abbia causato le malattie; quando lo spirito è presente, la persona ammalata comincia a danzare e a quel punto la sciamana derviscia si rivolge allo spirito, chiedendo cosa abbia causato lo stato di malattia e quale sia la cura necessaria.

La danza estatica non è mai uno spettacolo; è trasmessa agli uomini dagli dei e i suoi movimenti sono destinati a provocare uno stato di ebbrezza e di trance. Le origini? Si trovano nei rituali dello shivaismo che, secondo Alain Daniélou, rappresenta una delle principali fonti di tutte le religioni successive e i cui riti e simboli sono comparsi nei tempi antichi contemporaneamente in varie parti del mondo.

Così, la danza estatica rivelata agli uomini da Shiva è parte essenziale del culto dionisiaco.

> "È la danza delle Menadi e delle baccanti", scrive Daniélou, "ne troviamo i movimenti e i ritmi nelle danze estatiche dell'India. Il kirtana, canto di gloria indù, corrisponde al ditirambo greco, un rito nel quale i fedeli, guidati da un recitante, cantano le lodi del dio, effettuando danze dai movimenti ritmati che producono stati di trance, durante i quali i partecipanti possono manifestare facoltà profetiche". Nel ditirambo come nel kirtana indù i partecipanti danzano formando un cerchio. "Il modo frigio consigliato per la musica del baccanale", nota Daniélou, "corrisponde al modo (raga) kafi indiano, oggi usato spesso per la danza estatica. Certi ritmi e la loro graduale accelerazione hanno una funzione importante al pari degli improvvisi mutamenti della formula ritmica che provocano nei danzatori uno shock psicologico".

La tradizione del ditirambo si mantiene nello zikr o dhikr, il rituale mistico del sufismo islamico. La danza è conosciuta col nome di dhikr as-sadr, "ricordo nel petto", in quanto il nome di Allah, ridotto alla sillaba hu, viene salmodiato fino a ridursi alla semplice respirazione, che rappresenta sia il nome divino nella sua forma più pura (il soffio della vita) che il processo cosmologico della creazione (il soffio che dà vita) e il suo contrario: il riassorbimento della creazione in Dio.

Oggi, in Occidente, non ci sono quasi più preghiere danzate in circolo sacro, non più riti, né danze estatiche ma l'eco continua insieme alla consapevolezza della tensione spirituale contenuta in quei movimenti.
Opere contemperanee come il Golestan di Maurice Béjart sono lì a dimostrarlo.

La Trance dance

di Nuria Sala

Ho assistito nei primi anni Ottanta, in India, nella città di Madurai, a un rituale che mi sorprese moltissimo. Accadde nelle vicinanze del grande tempio dedicato alla dea Minakshi. Tutto si svolgeva in cerchio, i musicisti suonavano mentre i percussionisti scandivano ritmi incalzanti, c'era un bramino che dirigeva il rituale; a un certo punto due delle donne che danzavano sono entrate in trance, i loro movimenti erano convulsi e contorti, il cerchio si spostò intorno a loro, il cantante e il bramino si alternavano tra canti ripetitivi e recitazione di mantra. Il rituale andò avanti ancora a lungo fino a quando le donne si furono calmate e distese; alla fine vennero inghirlandate e benedette. Tutti poi festeggiammo mangiando insieme ma io rimasi frastornata nel vedere quell'abbandono, quel viaggio profondo e selvaggio nel corpo, nell'osservare il loro volto modificarsi continuamente attraversando grandi varietà di emozioni.
La trance dance è oggi una pratica di danza molto diffusa e organizzata, i suoi inizi risalgono agli anni Ottanta e Novanta; tramite il movimento libero del corpo, i ritmi delle percussioni, le tecniche respiratorie, suoni e musiche ripetitive, l'impiego di una benda per coprirsi gli occhi o di spazi bui per concentrarsi sul "viaggio interiore", si entra in connessione con il "sé" profondo e si va oltre le percezioni normali di spazio/tempo.

NS

Indossare una maschera...

di Nuria Sala

Le maschere sono come crisalidi, generano la depersonalizzazione e l'identificazione con la divinità scelta.

Danzando l'uomo imita i movimenti della divinità e s'unisce a lei

Lo stregone o il sacerdote danzante diventano il tramite delle forze trascendenti che si rivelano e manifestano, grazie all'atto rituale.
In Cina esistono molte rappresentazioni delle danze sciamaniche e l'uomo saggio in lingua taoista viene raffigurato come uno sciamano danzante coperto di piume.

Lo Tsam è una forma di teatro danzante di carattere sacro e misterico, un rito antico introdotto in Tibet per la prima volta nell'VIII secolo d.C. da cui si diffuse in Mongolia solo nel XVIII, partendo dall'India. Il rito affonda le proprie radici nello sciamanesimo, fondendosi con la tradizione buddista lamanista.

Le danze rituali, rimaste pressoché immutate, fanno uso di maschere che rappresentano divinità e personaggi umani: attraverso queste rappresentazioni, il rito trasmette agli spettatori concetti e misteri profondi sulla vita e la morte, gli dei e gli uomini. Le maschere sono dipinte utilizzando i colori primari, rosso, nero, giallo, bianco e blu; sono molto decorate, estremamente espressive e talvolta di grandi dimensioni: tutte caratteristiche volte a impressionare e a suscitare l'emotività di chi assiste alla danza rituale.

Nella maggior parte delle culture africane tradizionali chi indossa una maschera abbandona la propria identità e viene trasformato nello spirito che la maschera rappresenta. La maschera si accompagna a costumi rituali che contribuiscono a nascondere l'identità del danzatore o del sacerdote mascherato. Chi indossa la maschera diventa quindi una sorta di medium che consente al villaggio di dialogare con le proprie divinità, gli antenati, i defunti, gli animali o altri spiriti della natura.

Per questo motivo, danze e rappresentazioni mascherate svolgono spesso una **funzione propiziatoria** in cerimonie e celebrazioni come matrimoni, funerali, riti d'iniziazione, feste del raccolto.

Il rituale dei Mamuthones e Issohadores di Mamoiada, in Sardegna, fa parte di antiche tradizioni ricche di ricordi arcaici, ancora vivi e praticati.
Questi rituali si collegano con i mascheramenti invernali delle popolazioni montanare europee e mediterranee, mantenendo nel tempo le loro radici culturali antiche e misteriose.

Indossare una maschera e danzare è un'esperienza straordinaria, subito il corpo ha una risposta di disponibilità, si respira più libertà, pronti a trasformarci e prendere le movenze della nuova identità scelta.

... NELLA VIBRAZIONE DEL SACRO

L'universo della maschera è uno dei mondi magici legati alla danza. Le maschere che venivano e che tuttora vengono usate dagli stregoni, guaritori, sacerdoti o monaci danzanti per i rituali religiosi sono fantastiche e incredibili, **smuovono subito emozioni forti e profonde**: stupore, disgusto, paura, tenerezza... Si sperimenta il senso di sprofondare in un mondo abissale che incute rispetto e paura, si entra nella vibrazione della dimensione sacra. Non si tratta di bellezza, o di estetica, lo scopo non è fare bella figura, suscitare piacere, si va subito all'essenza: draghi, leoni, serpenti, mostri, dei, saggi, demoni, un mondo mitologico antico e arcaico ci travolge.

Si va oltre alla ragione, e ci si sente mossi tra la paura e l'eccitazione; se si è capaci di entrare e attraversare questa dimensione, tutto si trasformerà in pura gioia e liberazione. Le catene psicologiche, i mille condizionamenti e giudizi cadono di fronte alla forza di una vera cerimonia, di un rituale potente come, per esempio, lo Tsam. Recitazioni e canti di formule magiche, di mantra, sono legati a quest'antichissima pratica. Lungo è l'addestramento per diventare un vero sciamano danzante: occorre ricevere l'iniziazione dal maestro per essere un vero tramite, per compiere questa meditazione danzata.

In Tibet, in Mongolia, in India, in Cina, in Africa... tutte le antiche culture di questa terra hanno praticato e tramandano queste tradizioni piene di significato. La finalità, lo scopo è di **abolire la divisione tra il mondo spirituale e materiale**, l'umano e il divino, il visibile e l'invisibile. L'infinitamente piccolo e l'incommensurabilmente grande entrano in risonanza, il potere dei simboli universali entra in azione creando la contemporaneità di queste dimensioni nel nostro cuore.

NS

La forza universale dei simboli

La simbologia delle figurazioni si fa complessa: una danza del vento, come quella praticata presso gli Egizi, **evoca la natura, imita la natura, diventa danza propiziatoria per il raccolto, o per la pioggia**. I danzatori imitano gli effetti del vento sulle piante, sugli steli, il curvarsi fino a raggiungere la terra: ed ecco apparire la figura del "ponte" praticata continuamente fino ad oggi.

La natura e tutti i suoi elementi sono la prima fonte di imitazione, di ispirazione e così i movimenti degli animali che arrivano fino a noi, nelle opere di balletto più famose.
In Cina la tradizionale danza del Drago si continua a praticare in occasione delle feste, eseguita spesso insieme alla danza del Leone. Il corpo del drago è portato dai danzatori che imitano i movimenti dello spirito delle acque in una maniera sinuosa e ondulata. In particolare, il movimento chiamato "**drago che insegue la perla**" simboleggia la continua ricerca di saggezza da parte dell'animale mitologico.

Il movimento ondulatorio del drago si ottiene grazie alla coordinazione dei numerosi danzatori (possono essere anche più di cinquanta), che si spostano in successione per ogni sezione cilindrica. In generale, i diversi passi formano movimenti di spirali in corsa per fare in modo che il corpo del drago si giri e s'intrecci su se stesso. Talvolta gli stessi danzatori saltano attraverso o sopra le sezioni del corpo del drago aggiungendo effetti acrobatici, oppure salgono l'uno sulle spalle dell'altro per aumentare l'altezza del corpo dell'animale.

Sono le ali
di un grande uccello
a dar vita allo spirito del danzatore…

Le braccia alzate verso il cielo e poi di colpo riabbassate, le gambe lanciate verso l'alto, i salti, le grida, il battere delle mani, tutto rivela lo studio accurato della natura. Sono le ali di un grande uccello a dar vita allo spirito del danzatore, sono le sue gambe che si muovono fulmineamente a farlo alzare verso il cielo, quindi verso una sorta d'immortalità immediata.

È una delle tante danze rituali che gonfiano di umori straordinari tutta l'Africa: la danza come simbolo del divenire, del continuo mutamento delle cose, dell'imponderabile, della fragilità dell'uomo nei confronti della natura, di quel bene e di quel male che alberga nei cuori degli umani, costringendoli a lottare anche contro loro stessi.

DIALOGO CON Núria Muñoz

Núria Muñoz, prima d'incontrare la danza africana, si è formata in danza classica, danza jazz e in atletica. Ha studiato per molti anni a New York e in Africa con una maestra senegalese e un maestro del Burkina Faso. Attualmente insegna danza africana in West Africa.

La danza in Africa, spiega Nuria, è un modo di vivere, è sempre danza collettiva, ci sono i musicisti, ci sei tu con gli altri e con l'universo. ***Si danzava e si danza per connettersi con l'universo e con la natura***, e in questo si sentono le radici animistiche della cultura africana; la natura è sempre stata la principale fonte d'ispirazione della danza. Le danze si svolgono soprattutto in cerchio; l'improvvisazione è un elemento ricorrente, ognuno entra dentro il cerchio e danza con intensità, ciascuno ha il suo momento. Chi determina il cerchio sono i musicisti, perché lì c'è la connessione e l'energia. Anche se può apparire molto libera nei movimenti, la tecnica ha un ruolo importante; ogni dettaglio è pieno di significati ed è curato con attenzione durante l'apprendimento.

Qual è la relazione con lo spazio e con la terra?

Nella danza africana il ritmo dei piedi, il radicamento alla terra e la spinta verso l'alto, il rapporto fra le varie parti del corpo trovano equilibrio e sviluppano fluidità, precisione e potenza. Proprio per questo è una danza che si svolge a piedi nudi, dove le piante toccano dolcemente la terra. ***La danza africana conosce molte forme***. Ci sono movimenti energici oppure movimenti dolcemente ondulatori, che partono dal bacino e si propagano lungo la colonna vertebrale fino alla nuca e arrivano nelle braccia e nelle mani. Spesso sono movimenti molto intensi e di breve durata.
L'Africa è un continente, le danze sono diverse da una regione all'altra. Consideriamo per esempio la danza Sabar eseguita dagli appartenenti all'etnia Wolof, in Senegal: sono alti e svelti, la loro

Chi balla si lascia prendere dai ritmi delle musiche che sono insieme il canto dell'uomo e della natura, vola, ricade nel grande sforzo di lasciare la terra, si accuccia, salta, si divincola come fosse in preda a una frenesia creativa e crea, infatti, crea forme che sembrano uscire dalla banalità del ballo per alzarsi verso Dio.

La danza africana, forse, vive proprio di questo: lasciare al corpo in libertà la possibilità di lanciare un messaggio verso le creature altre che popolano i grandi pascoli dell'eternità e preparare l'uomo e la donna alla riconciliazione in un'altra vita.

danza è di aria, i movimenti sono sospesi, il danzatore è in alto, compie dei movimenti di rottura e di scuotimento. Il danzatore diventa l'aria e si muove scuotendo e rompendo lo spazio. Nella Costa d'Avorio e nel Benin, la popolazione ha una costituzione piccola e robusta, la loro danza è di terra, hanno una vasta varietà di ritmi, i loro movimenti sono molto veloci e brevi. Le danze Mandinko, nella zona ovest dell'Africa come anche in Burkina Faso, in Senegal e Costa d'Avorio, si danzano in alto e in basso, possiedono le due qualità insieme, terra e aria e il loro strumento a percussione principale è il djembe. Nella danza Dudumba, che è la danza degli uomini forti e si caratterizza per la sua ricchezza ritmica, la relazione tra il percussionista e il danzatore è paragonabile a un'esplosione di petardi: veloce, intensa, esplosiva, grande spinta e forza di energia si sprigionano dal corpo e dall'anima.

Quale ruolo ha la musica?

In generale ***la danza è in stretto rapporto con la percussione***; la forza del tamburo e la connessione con il ritmo danno la forza al danzatore e lo trasportano, si crea una relazione di reciproco sostegno tra il danzatore e il musicista. Gli strumenti melodici tradizionali sono il balafon e la kora, i tamburi dun-dun invece sono tre strumenti a percussione: shum, sangband e kenkenung, costruiti con pelli di vacca tese da corde. La voce è molto importante nella danza perché si canta sempre, è vera e propria parte integrante della danza. Le coreografie tradizionali hanno tutte il loro ritmo preciso, la loro coreografia nello spazio e le loro canzoni. Le canzoni parlano dell'unione dei popoli, l'Africa è un paese molto grande, ci sono stati e ci sono ancora molti conflitti tra diversi popoli ed etnie. Le canzoni parlano della fame, dei bambini, delle donne che non hanno avuto figli, della musica, dei tamburi, della natura...

Importante è sempre stato il ruolo dei griot, musicisti che si tramandano di generazione in generazione la loro arte; un tempo erano i trovatori della musica e della canzone africana, animavano le corti dei re e diffondevano le notizie nei diversi paesi.

Nuria Sala

Il racconto danzato, linguaggio simbolico della danza indiana

di Nuria Sala

**"… con le tue caviglie ornate di anelli d'oro, mostra sulla scena la
tua arte di danzatrice, la tua recitazione spigliata
la tua scienza dei numeri, delle lettere, delle cinque forme del canto
religioso, dei quattro tipi di musica, delle undici forme di danza…"**

Ilangô Adigal, Shilappadikâram

Nella rappresentazione scenica indiana i testi poetici attingono al repertorio mitico che narra le gesta degli dei. L'intenzione del suo linguaggio simbolico è d'inoltrarsi nei diversi stati d'animo e di trasportare sia l'interprete che lo spettatore, attraverso racconti danzati dove il ritmo, i gesti e la teatralità sono un universo vibrante in divenire.

La geometria delle linee, la velocità e la ricchezza ritmica s'intrecciano all'elaborato linguaggio delle mani e alla raffinata mimica del volto. In questa cultura millenaria, il dialogo tra danza, musica, canto e poesia ci rivela un luogo dove i linguaggi dell'arte continuano a vivere e a commuovere.

**"Dove vanno le mani, lo sguardo le segue,
dove va lo sguardo si dirige lo spirito,
lì dove si posa lo spirito, si manifesta uno stato d'animo,
dove si intensifica lo stato d'animo nasce la gioia."**

Nandikesvara

IL CORPO È COME TUTTO L'UNIVER

Il Bharatanatyam porta in sé esperienze che toccano molteplici campi della percezione e del pensiero, rappresentando aspetti molto profondi della danza, infiniti; è un gioiello che guida e illumina il mio lavoro nella danza. Le ragioni che hanno guidato il mio approccio alla danza sono di certo l'armonia e la bellezza che nel danzare scopro e vivo, ma anche l'intrigante influenza e la comunicazione che a diversi livelli si produce: scoprire come il pensiero modella il corpo, come i sentimenti e le emozioni ci svelano i campi energetici in continua evoluzione; lo studio del corpo come strumento polifonico e cosmogonico sensibile e vibrante.

La danza indiana è nata dalla filosofia Samkhya, che è una riflessione e uno studio sulla cosmogonia, l'origine del mondo.

Shiva Nataraja, il Signore della Danza, crea e dissolve il mondo danzando; divinità amata e temuta è al tempo stesso oscura e misteriosa, luminosa e liberatoria, ascetica e voluttuosa, tutti gli opposti sembrano combinarsi in lui alla perfezione. Egli afferma che la danza libera dall'ignoranza e ricorda che **il corpo è come tutto l'universo: microcosmo-macrocosmo**.

Nell'arte dell'India la **dimensione spirituale-divina è fondamentale**, l'arte è un mezzo potente, una strada attraversata da luce e ombra che congiunge con il mistero. La danza indiana spesso conduce alla dimensione mitologica e, pur avendo un contesto culturale definito, lo trascende diventando un elemento universale e unificante.

SO: MICROCOSMO-MACROCOSMO

BILANCIARE CORPO

La pratica del Bharatanatyam introduce a una disciplina che richiede molti anni di studio e formazione in settori diversi: **danza, teatro, ritmo, canto, mitologia, analisi poetica, analisi dei rasa o emozioni.** Il tempo è circolare e lo spazio bidimensionale, essendo un'arte tradizionale classica. È un teatro-danza che poggia e si sviluppa sempre su una struttura ritmica. Prima di affrontare il repertorio coreografico bisogna studiare tutte le famiglie di movimento e praticarle in tre velocità "lenta, media e veloce", coordinazioni complesse e barocche tra l'uso delle mudra, lo sguardo e il percuotere del tempo con i piedi.

L'aspetto teatrale ha molta importanza e con il passare degli anni diventa sempre più importante e coinvolgente. Lo studio dell'emozione "rasa", così come l'analisi poetica del testo e la sua interpretazione, diventano la parte più complessa che corona quest'arte.

Nello studio della danza classica indiana, il meccanismo di ricerca che si segue è il seguente: si va da Out (fuori) verso In (dentro), cioè si parte dalla forma per poi imparare il processo, la fluidità e la qualità energetica per andare da una forma all'altra. In Occidente, nella danza contemporanea, spesso è il contrario: si parte da In (dentro) per arrivare a Out (fuori), cioè la forma arriva dopo, come una conseguenza del bagaglio di lavoro che ti porti dietro.
Considero molto importante intravedere i ponti e i passaggi tra questi due modi di affrontare il movimento.

Per i danzatori, il corpo, lo spazio, il tempo e l'energia sono gli elementi da conoscere, combinare e bilanciare.

A questo proposito vorrei ricordare il significato di rasa, che è un concetto fondamentale dell'arte indiana. Vuol dire succo, spremitura, qualcosa di ben cucinato con gli ingredienti, i sapori e i profumi giusti. Un altro concetto molto importante è il Tala, che vuole dire ritmo, struttura del tempo. "Ta" viene da Tandava: la danza maschile di Shiva, l'energia piena di forza e vigore. "La" viene da Lasya: la danza femminile di Parvati, la grazia e leggerezza dell'energia. In un danzatore è fondamentale che ci siano questi elementi e che egli sappia interpretarli, misurarli, passare dall'uno all'altro.

Lo stato, il rispetto e l'ascolto del corpo mostrano quanto sia importante la disponibilità ad aprirsi a nuove esperienze per potersi trasformare. Questo mi ricorda e mi riporta al concetto di Sphota che è lo stato di apertura, di magia totale che si può vivere nell'atto di danzare, dove non c'è nulla né prima né dopo, c'è un essere presente che è eterno.

NS

Simboli in movimento

Nel tempio glorioso di Chidambaram, nel Tamil Nadu, nel sud dell'India, furono rivelati i simboli e i segreti della danza di Shiva Nataraja, Re della Danza cosmica, distruttrice e rigeneratrice dell'universo: 108 posizioni scolpite nella pietra che sono e saranno alla base della danza indiana, il Bharatanatyam. 108 posizioni cosmiche, le sole che possono essere riprodotte e usate ma da cui si creano infinite combinazioni e coreografie.
La *devadasi*, la danzatrice, compie nel microcosmo i gesti e i movimenti che Shiva effettua nel macrocosmo e rivela che la natura e tutte le sue forme e manifestazioni sono agli ordini di questa danza eterna.

Bharatanatyam

di Nuria Sala

Nel Teatro-Danza Indiano (stile Bharatanatyam), il contatto diretto con il suolo dei piedi nudi, ben appoggiati, apre subito all'ascolto di questa presa fondante: respingere il suolo e riappoggiarsi è la prima relazione, così semplice e piena di significato.
Una delle prime cose nella pratica del Bharatanatyam è imparare a percuotere il pavimento alle tre velocità che caratterizzano questa danza e allo stesso tempo trovare il proprio centro; la posizione in demi-pliè, il baricentro stabile, con la spina dorsale diritta e il potente osso sacro a piombo, verticale rispetto al suolo.
Apparentemente è semplice, invece tutta la muscolatura delle gambe entra in gioco, così come le articolazioni della caviglia, del ginocchio, dell'anca e della sua relazione con il bacino.

Le braccia in seguito si aprono come delle ali, nella posizione chiamata "natyarambham", anche qui occorre imparare ad aprire il polso, il gomito e la spalla.
Mantenere quest'apertura delle estremità suscita subito la relazione tra il cielo e la terra.
Il bacino, il busto e la testa sono collegati tra loro tramite la flessibile e meravigliosa colonna vertebrale.

QUESTI PASSAGGI DI ENERGIE

Il bacino, la parte più forte del corpo, fa partire la spinta di energia che pervade tutto il corpo. Il busto, sede dell'espressione, si piega nelle diverse direzioni, dando respiro e sospensione, contrastando la forza espressa dal bacino e dalle gambe.
Il collo, il volto e gli occhi completano, dando grazia e incisione alla dinamica del movimento.
Gli occhi, sede dell'equilibrio, indicano e sottolineano le direzioni nello spazio. Lo sguardo insegue le mani in un dialogo concentrato e fascinoso.
Il collo con i suoi movimenti piccoli e precisi, sorprende per la sinuosità che apporta. Questi passaggi di energie tra il corpo e la testa sono fondamentali nell'equilibrio sensuale del corpo.
Il volto esprime, colora con le sue espressioni i racconti poetici e mitologici.

Insomma un'orchestrazione del corpo complessa, che richiede una coordinazione molto attenta, elaborata e codificata.

NS

TRA IL CORPO E...

GEOMETRIA

La danza è una forma in movimento

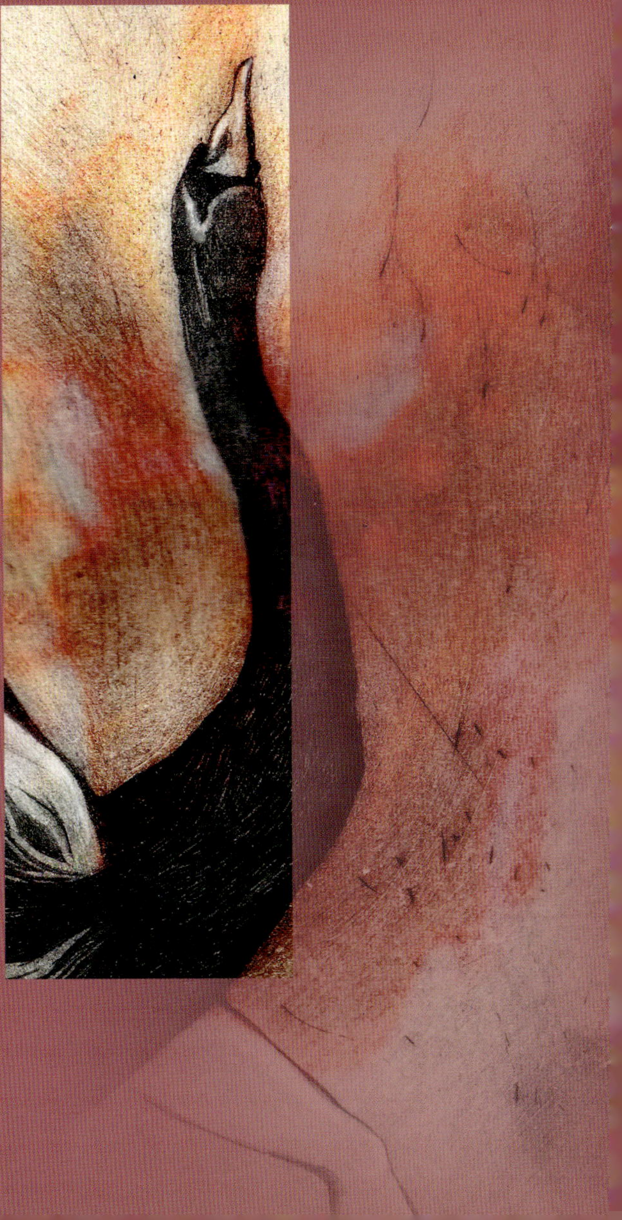

La danza che è stata preghiera, rito, circolo sacro, rappresentazione mitica si tramuta e si scinde: diventa ballo e gioco popolare, danza profana, danza di corte e balletto. Inizia la danza-spettacolo, nascono le prime coreografie e le prime scuole, entra in campo la geometria

ATTRAVERSO LA SI VEDE

Questa danza così misteriosa che si rivela in tanti modi diversi, in epoche diverse, questa danza che è religione, spiritualità e anche diabolicità, che è trance e perdita della coscienza, per poi divenire razionalità, geometria, forme. Attraverso la danza si vede la storia dell'uomo. Il corpo non è quello quotidiano, diventa simbolo ogni volta di qualche cosa di diverso. Nel Medioevo compaiono il giullare, la danza sfrenata contadina e poi improvvisamente si cambia, entrano la geometria, la stilizzazione; c'è un passaggio dal popolare all'aristocratico, dalla visione medievale alla prospettiva, all'organizzazione del mondo, alla gerarchia del mondo.

CONTINUATE A DANZARE!

Con il canone 51 si condannano i mimi, gli spettacoli teatrali e le danze, punendo i chierici con la deposizione e i laici con la scomunica; con il canone 62 si vietano come residui di paganesimo le feste in onore di Pan e di Bacco, i balli pubblici di donne, l'uso di maschere satiriche o tragiche e i travestimenti di uomini e donne con abiti dell'altro sesso: siamo nell'anno 692, a Costantinopoli si svolge il Concilio detto "Quinsesto" perché completava il quinto e il sesto concilio ecumenico.

La Chiesa condannò la danza ma la danza non si fermò, semplicemente abbandonò, ma solo in parte, i luoghi di culto. Del resto, quest'arte dovette affrontare in questi anni continue sfide – per esempio, nell'Alto Medioevo, la danza era considerata una pratica poco dignitosa per il sesso maschile e riservata solo alle donne – e intraprendere nuovi percorsi.

Insomma si continuò a danzare ma in modi e forme diverse. Il modo divertente e sfrenato delle danze popolari si mescolava al comportamento più formale e riservato della nobiltà che aveva trovato il gusto della danza collettiva. Se le prime cosiddette canzoni a ballo erano interpretate solo da donne, in seguito anche gli uomini partecipavano alle danze. Ricorda Alberto Testa: "Al principio

del Duecento, con lo sciogliersi dell'irrigidimento dei costumi, i signori imitarono il popolo cosicché dame e cavalieri si prendevano per mano, e a guisa di cerchio, caratteristica di ogni danza di ogni tempo, si abbandonavano al piacere della *farandola*".
I ruoli si mescolavano insieme ai costumi seguendo l'evoluzione della società: una fertile contaminazione di cui si vedranno i frutti anche nelle epoche successive. Per riprendere le parole di Martha Graham, la storia della danza è la storia sociale del mondo.

> "Queste dita che parlano, questo silenzio eloquente, questo narrare del gesto sono considerati invenzione della musa Polimnia: ella voleva mostrare che gli uomini possono esprimere la loro volontà senza l'aiuto della parola."
>
> *Cassiodoro*

Funamboli e giocolieri, i primi danzatori "profani"

di Nuria Sala

Il giullare, il trovatore, il menestrello

Il **giullare** era poeta, ballerino, attore, mimo, acrobata e musicista, personaggio versatile, buffo e variopinto. Lo scherzo e il divertimento erano le sue doti. Un vero artista ambulante, che viaggiava e si spostava senza fissa dimora; vicino al popolo e al tempo stesso invitato e richiesto nelle dimore aristocratiche.

Si esibiva nei castelli, nelle piazze, nei dintorni dei santuari, negli incroci delle strade di grande traffico, recitando canti d'amore e di gesta, diffondendo notizie e pettegolezzi di vita. Affabulatore e cantastorie, professionista multiforme, trascinava la folla danzando e cantando, suonando la ghironda o la tromba.

Quest'artista folle e divertente indossava un abito a strisce colorate, portava campanelli appesi al cappello, segno della sua diabolicità.

Il **trovatore**, spesso di origine nobile, era un compositore di poesie e di melodie. I suoi modi erano gentili, elegante il suo portamento. Colto e di carattere romantico, il trovatore rimane una figura legata all'amore cortese. Con il diffondersi della poesia dei trovatori, i giullari lavoravano spesso accompagnandoli, diventando abituali frequentatori delle corti feudali. Saranno chiamati **menestrelli**, che in provenzale significa servi di casa, e questo termine verrà usato sempre di più a partire dal XIII secolo.

Giullari e trovatori contribuirono a diffondere la cultura popolare in tutta Europa con il loro repertorio di canzoni e danze, raccogliendo e rappresentando le nuove idee, rivitalizzando le antiche tradizioni.

Un esempio di "giullare moderno" è la figura contemporanea del comico satirico, molto diffusa anche in Italia.
La figura del giullare, come attore affabulatore, è stata resa celebre soprattutto da Dario Fo che, a partire dal '68, si è identificato nella maschera del giullare usata per compiere un'azione a carattere politico, di critica. Fo ha attribuito ai giullari una coscienza politica consapevolmente oppositiva nei confronti del potere, forza che forse i giullari medievali non poterono mai avere, avendo più limitate libertà di espressione. Dario Fo è uscito dal circuito istituzionale che vedeva il teatro borghese svolgersi esclusivamente nei teatri, tornando al teatro di piazza. Il comico va verso il pubblico, come nel Medioevo, e non viceversa. La presenza del teatro di Dario Fo nei circoli ARCI in quegli anni fu molto importante, non solo come voce critica, ma come avvicinamento al teatro da parte di un pubblico che nel teatro borghese non sarebbe mai entrato.

NS

«Meno 1

Quando il tamburo
chiama la gente
danza con lui
la canzone della vita
e sarai salvo per sempre

Oltreoceano, ballare in schiavitù

Dal Cinquecento all'Ottocento milioni di africani sono stati fatti prigionieri e portati nel Nuovo Mondo, i territori oltre l'oceano Atlantico ignorati dagli europei fino al 1492. In una terribile epopea di dolore e di sofferenze uomini, donne e ragazzi in catene hanno portato in quelle terre anche uno straordinario bagaglio culturale.

Provenivano per lo più dalla costa occidentale dell'Africa ed erano stati scelti tra i soggetti più validi. Fra loro c'erano **guerrieri, cantastorie, sacerdoti, guaritori, uomini e donne che sapevano suonare, danzare e interpretare il mondo e i suoi fenomeni, mettersi in contatto con le divinità**. Il popolo degli schiavi, distribuito fra Canada e Stati Uniti al nord, isole dei Caraibi e Brasile al sud, aveva in tutti i modi cercato di salvaguardare le proprie abitudini sociali e il profondo spirito religioso.

Agli schiavi fu vietato di praticare i culti nativi perché la religione ufficiale nelle colonie era il cristianesimo e gli africani in catene dovettero adattare la loro fede alle costrizioni del nuovo ambiente. Gli schiavi "adottarono" allora i santi cristiani, dando vita a un'incredibile commistione di culti. Il risultato fu la *santeria*, pacifico incontro fra santi cattolici e divinità africane. Nata a Cuba, ha col tempo assunto nuove forme in altri paesi: in Brasile si pratica la macumba, l'umbanda, il candomblé e ancora la quimbanda, il catimbò. Questi rituali, che nel tempo si sono diversificati a seconda delle zone, pur mantenendo un comune denominatore, avevano fin dagli inizi uno stretto rapporto con il canto e con la danza. La musica e la danza, con i loro poteri evocativi, erano destinati a chiamare gli orixá, le divinità della *santeria*. E la danza portava a stati di trance e attraverso la trance al contatto con il santo protettore.
Nel pantheon africano vi erano oltre quattrocento orixá, nel Nuovo Mondo ne sopravvivono solo una dozzina, ma questi hanno volti sempre diversi. Discendono tutti da Obatalà (o Oxalà), ovvero "il primo e l'ultimo", che viene spesso paragonato a Gesù Cristo e che si presenta il più

delle volte come un vecchio. La sua presenza spirituale spinge i fedeli a una danza incespicante, ballata con la schiena curva in avanti, come se il loro movimento avesse bisogno di aiuto. Forse con questa danza si vuole ricordare la leggenda di un figlio ribelle, Xango, che avrebbe fatto imprigionare il padre in una minuscola cella, costringendolo a stare chino per ben sette anni.

CAPOEIRA scaccia-diavoli

In molte località dell'Africa occidentale, dal Senegal all'Angola, sopravvive un antico rituale scaccia diavoli. Le leggende narrano che in certe notti di luna alcuni diavoli uscissero dal mare per rapire le più belle ragazze dei villaggi. Molto spesso a nulla valeva il coraggio dei giovani guerrieri che accorrevano per difendere le fanciulle e mettere in fuga gli aggressori. Era allora intervenuto il consiglio di un vecchio saggio: non basta la forza per scacciare i diavoli. Bisogna usare l'astuzia e chiedere aiuto agli dèi della natura.

I giovani si erano addestrati. Avevano inventato nuove mosse di lotta, le avevano provate e riprovate. Erano diventati esperti e abili e, finalmente, in una notte particolarmente tenebrosa, quando i diavoli uscirono dal mare per razziare ragazze, riuscirono a scacciarli, accerchiandoli e colpendoli con le nuove mosse che avevano imparato.

Da allora i diavoli non erano più tornati, ma i giovani guerrieri avevano continuato lo stesso ad allenarsi alla lotta.

Trascinati in Brasile dagli schiavisti portoghesi, gli africani avevano conservato questa tradizione, un po' gioco, un po' danza, un po' rituale. I conquistatori l'avevano osteggiata da subito, perché temevano ogni forma di violenza capace di rivoltarsi contro di loro. Fu così che gli schiavi trasformarono le mosse in una danza che richiamava l'antica lotta, ma che non spaventava i padroni. Nasceva così la *Capoeira*, che significa "grande terreno bruciato", come quella sterminata distesa di terra dove gli schiavi, fuggendo dalle fruste, cercavano rifugio e libertà.

Ed ecco apparire sui passi della danza le prime metamorfosi. Il danzatore non danza solo per se stesso ma per il piacere dello spettatore e i primi danzatori professionisti furono proprio i funamboli e i giocolieri medievali

La spontaneità si perde in favore della tecnica e della stilizzazione. Negli ultimi decenni del Medioevo compaiono le prime coreografie.

Passi strisciati, inchini, sguardi, sorrisi, saltelli leggeri

la danza nel Rinascimento

di Nuria Sala

Sono le corti e le case signorili la nuova scena, il teatro e il luogo della danza nel Rinascimento. Tutti desiderano imparare queste nuove danze che danno portamento al corpo, che sono ricche di passi strisciati, inchini, sguardi, sorrisi, movimenti sottili delle spalle, giri e saltelli leggeri senza mai perdere il contegno, la bellezza e la sobrietà. Un'oscillazione continua nel corpo, come se si andasse in gondola, dondolati, mossi dolcemente dalle onde. Un saper tenersi e presentarsi all'altro, un alternarsi di forti emozioni e di levità, armonia e grazia, senza mai trapassare il limite del buon gusto dello stile signorile; misura e regolarità. I vestiti saranno molto belli ed elaborati con dei tessuti splendidi. I re e le regine, i principi e le principesse, i signori e le signore: tutti saranno disposti a studiare con il maestro di danza, capace di istruirli e farli danzare elegantemente negli incontri mondani, pieni di scambi e di interessi culturali.

LA PROSPETTIVA, SPINGERE I CONFINI

Le corti e le città saranno in fermento, il disordine creativo regnerà nelle botteghe, un fremere di talenti condurrà alla realizzazione di straordinari capolavori d'arte. La culla dell'Umanesimo e del Rinascimento sarà l'Italia e soprattutto la città di Firenze, ma sarà un movimento che palpiterà in tutta l'Europa.

L'artista, l'intellettuale rinascimentale, frequenterà, vivrà e collaborerà con le corti signorili e l'élite culturale di carattere internazionale: a Firenze i Medici, a Napoli gli Aragonesi, a Urbino i Montefeltro, a Mantova i Gonzaga, a Milano gli Sforza...

È il momento dell'Umanesimo, i riflettori sono puntati verso l'uomo, la natura, l'universo; riaffiora il periodo classico dei Greci. Il corpo si alza di nuovo misterioso quanto l'universo, gli scienziati, gli artisti e i filosofi osservano, indagano, cercano di comprendere la natura e le sue leggi tanto semplici quanto complesse.
L'arte risponderà con delle opere straordinarie che ancora oggi fanno vibrare il cuore per la loro bellezza. Gli scienziati parlano di nuovo dell'infinito, le loro scoperte sbalordiscono, la Terra gira su se stessa e non è più il centro dell'universo.
L'anatomia studia il corpo dentro e fuori, consegnandoci nuove immagini, allargando i confini; così il respiro e il sogno potranno essere più profondi.

La prospettiva, spingere i confini, pensare, osare

L'invenzione della prospettiva di Brunelleschi

sarà d'ispirazione a molti e le stesse coreografie, da una visione lineare del loro svolgimento, acquisteranno altra profondità nel disegno.
Le tele dei pittori scoprono il corpo, i suoi movimenti e le sue torsioni, la sua nudità e la sua eleganza, la vita in movimento, l'espressione dell'essere.

A questo periodo risalgono "De arte saltandi et choreas ducendi" di Domenico da Piacenza, il "Trattato del ballo" del suo allievo Guglielmo da Pesaro, il "Libro sull'arte del danzar" che compose Antonio Cornazzano studioso presso le corti degli Sforza, poi più tardi "Il ballarino" di Fabrizio Caroso e "Gratie d'amore" di Cesare Negri, testi che diventeranno le fondamenta della danza e della coreutica; bisognerà studiare ed esercitarsi per danzare.

Visioni per danzare

Se il Medioevo non perde il contatto con la mitologia, con la storia antica, il Rinascimento aggiungerà valore e ricchezza di forme alle grandi vocazioni mitologiche.
La difficoltà per descrivere la dinamica del movimento, per dare nome e creare concetti per la danza, farà appello a immagini che provengono dalla natura e dalla mitologia; danzare per "fantasmata" si dirà, per muovere gli affetti profondi dell'essere, per scandire alternanze nell'espressione della danza, tra le regole stabilite e la vitalità che si sprigiona dal corpo, cioè tra ethos e pathos. Domenico da Piacenza si ispira all'arte oratoria, arte performativa come la danza, e si affida alle risorse della fantasia per muovere le emozioni: le immagini, le visioni prodotte dalla fantasia faranno presa sull'animo del danzatore, il sentimento provato si trasferirà sul suo corpo e sarà trasmesso agli spettatori.

le visioni prodotte dalla fantasia
faranno presa sull'animo del danzatore

La danza classica, un'arte del corpo

La danza classica ci accompagna da qualche secolo, regalandoci meravigliosi balletti come la Sylphide, Il Lago dei Cigni, Lo Schiaccianoci, Cenerentola, Don Chisciotte, Giselle, Coppelia, La Bella Addormentata, La Sagra della Primavera, Petruska, Carmen, Romeo e Giulietta, Bolero, Excelsior, L'Histoire de Manon... diventando nel tempo repertorio storico per i ballerini e patrimonio culturale di tutti.

Con la progressiva codificazione della danza di corte rinascimentale e grazie anche al lavoro di alcuni maestri e teorici della danza, si diede forma a questa nuova tecnica, elaborata tra l'Italia e la Francia e codificatasi poi definitivamente nel Settecento. Molti saranno i passaggi, le trasformazioni e gli sviluppi che vivrà la danza prima di diventare la forma di spettacolo che conosciamo oggi. Da segnalare la riforma di Jean-Georges Noverre in Francia e di Gasparo Angiolini in Italia, entrambi danzatori, coreografi e teorici che opereranno la riforma del balletto. Il loro contributo sarà fondamentale per creare le basi del balletto moderno, inteso come fusione di diverse arti sceniche: la danza, il mimo, il teatro, la musica, la scenografia, i costumi; dove la danza è la protagonista.

VOLO, GRAZIA, LEGGEREZZA,

La tecnica della danza accademica o danza classica è eccezionale, un'arte del corpo che è stato studiato meravigliosamente per ottenere **il volo, la grazia, la leggerezza, il salto, la forza e la delicatezza; equilibri straordinari** grazie anche all'artificio delle scarpette a punta.

Diventata da tempo tecnica fondamentale per preparare il danzatore, è una disciplina che permette di ottenere le linee e l'apertura di tutte le articolazioni. È nella sbarra, dove il corpo elegantemente si snoda e si ordina con mille peripezie di grande precisione, che l'esecuzione nello spazio è dominata dal tempo che dona vita al corpo e alle emozioni; altre dimensioni si schiudono e l'anima vibra. Nelle compagnie di Danza Contemporanea, dove il linguaggio è più ampio e la preparazione tecnica molto diversificata, viene studiata anche la danza classica e spesso sono i danzatori stessi a portarla come bagaglio di esperienza, dopo averla praticata durante i numerosi anni di formazione.

ports de bras

grand batman

passé

plié

cambré

arabesques

ronds de jambe

développés

Si eseguono **ports de bras, plié, passé, cambré, arabesques, ronds de jambe, développés, grand batman, pirouettes**… con tenacia e delicatezza allo stesso tempo e posso dire: è un momento di bellezza che ricomincia ogni giorno; l'incessante preparazione del proprio corpo, di te stesso, strumento misterioso che spande la sua finitezza nello spazio dilatando i limiti. Così il tempo e lo spazio si sono incontrati e strettamente si comprendono e si contengono, sotto la notte scura e misteriosa dell'arte della danza.

Studiavamo la danza classica a scuola…

Ti guardo e mi sento te, i tuoi giri sono i miei volteggi, il volo delle tue braccia è il mio infinito desiderio di leggerezza, quando salti sento il battito del mio cuore, la tua danza è dentro di me, e a ogni tuo passo sento scorrere l'energia in tutto il mio essere. Osservo in silenzio la tua danza, come quando guardo l'albero danzare, con il vento abbracciato nella sua chioma. Allora la realtà riflessa si moltiplica dentro e fuori di me, e non riesco più a distinguere cosa è veramente reale o meno.
La nostra danza è la danza dell'anima; la sento e mi trasporta oltre questo limite d'immobilità, colmando il finito con l'infinito, così mi appare lo spettacolo della tua danza. La danza, te, me, lo spazio e il tempo lanciati come una cometa nel mistero buio dell'infinito.
La danza bussava alla mia porta, aprii di colpo e la danza mi travolse come una corrente irresistibile che mi spingeva in altro equilibrio, denudandomi di certezze e offrendomi una leggerezza inebriante.

Studiavamo la danza classica a scuola, fu una bellissima esperienza imparare parte di alcuni famosi balletti come Il Lago dei Cigni, Lo Schiaccianoci, o Cenerentola. Ricordo i saggi di fine anno, un andare e venire di ragazze con il tutù, le scarpette, il chiasso e il nervosismo dietro le quinte. In casa ascoltavamo la musica classica per riprendere i passi, oppure nostro padre si sedeva al pianoforte e suonava. Mia sorella era proprio brava a danzare, non era disturbata come me dalle scarpette; così mia madre per distrarmi mi cantava brani di flamenco e mi chiamava "gitana" per i miei occhi e i miei capelli neri, mi regalò un bel vestito e un paio di scarpe di flamenco allargando la scena divertente e contrastante della nostra casa in danza.

Quasi tutti noi danzatori, prima o poi ci siamo avvicinati alla danza accademica, studiandola per lunghi o breve periodi. Ricordo negli anni Ottanta lo studio della danza classica a Barcellona dove si potevano eseguire le lezioni a piedi nudi, questo fu fantastico per me. Trovavo anche molto utile poter passare da una tecnica all'altra; avvicinando poetiche e riflessioni sul corpo con contenuti e fondamenta diverse.

I danzatori ci hanno meravigliato,
tolto il fiato,
incantato…

Alcuni danzatori ci hanno meravigliato, tolto il fiato e incantato, facendoci dono della loro danza straordinaria: la lunare e armoniosa **Anna Pavlova** ad esempio, **Margot Fonteyn**, gemma preziosa che assieme al grande danzatore Rudolf Nureyev formò una coppia leggendaria.

La leggerezza, le sospensioni in aria di **Vaslav Nijinsky** così come la bellezza del suo corpo e la sua poetica espressione hanno fatto di lui un genio del balletto.

Maja Plisetzkaja è stata una delle più grandi ballerine russe, con il suo impeto nel ballare, la sua eleganza estrema e la sua fierezza unita al suo grande carisma.

Carla Fracci, una delle ballerine più brave e note che l'Italia abbia mai avuto, regina di palcoscenici mondiali.

Alessandra Ferri, artista capace di emozionare profondamente, per la sua straordinaria capacità lirica.

Mikhail Baryshnikov rimane nell'immaginario collettivo come uno dei più grandi ballerini viventi, protagonista di più di cento allestimenti in ruoli classici e moderni.

Virtuosa, vibrante e magnetica interprete di tutti i ruoli principali del repertorio classico, **Sylvie Guillem**, è stata nominata étoile a soli 19 anni da Rudolf Nureyev.

Un'altra straordinaria danzatrice è **Luciana Savignano** che è tornata al balletto classico dopo aver danzato a lungo coreografie moderne, soprattutto nel Ballet du XXe siècle fondato nel 1960 da Maurice Béjart.

Le spagnole, **Lucia Lacarra** prima ballerina del Ballet National de Marseille e deliziosa interprete di molte delle coreografie di Roland Petit, e **Tamara Rojo** con una brillante carriera e maturità interpretativa, prima ballerina al Royal Ballet di Londra.

Alicia Alonso, signora della danza cubana, va ricordata fra le interpreti più memorabili di Giselle,

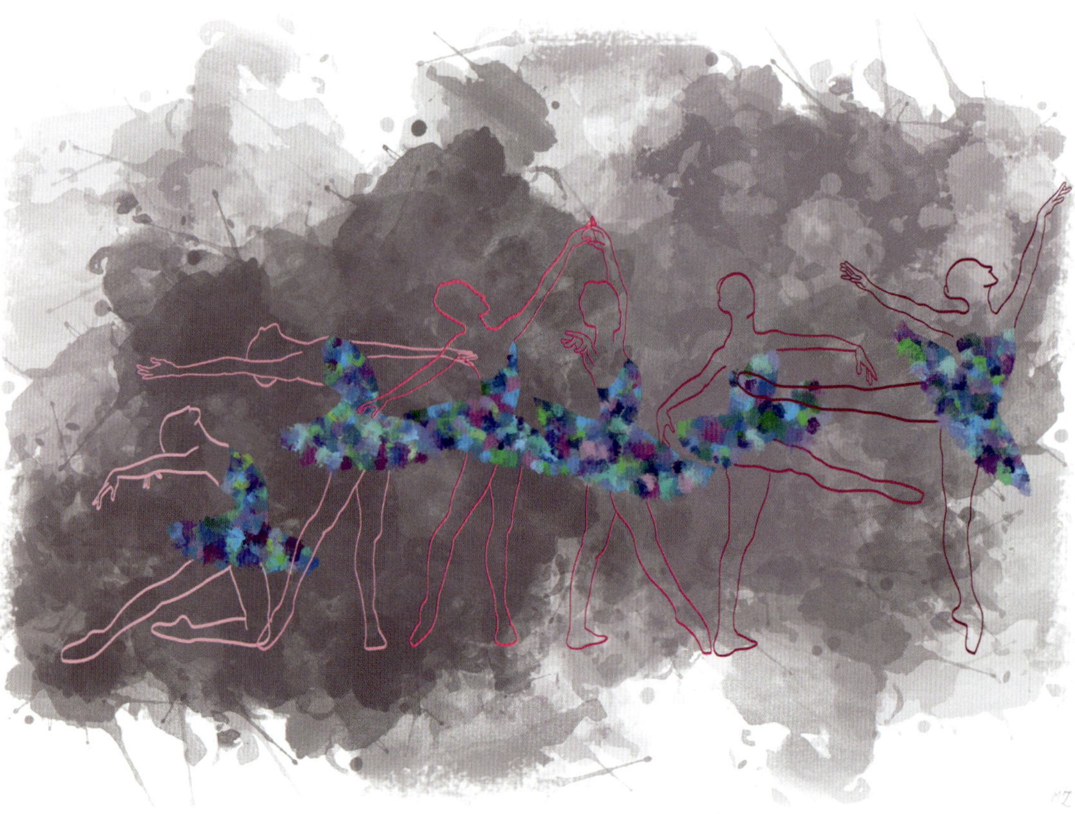

Marius Petipa può essere considerato il vero fondatore del balletto classico, il grande continuatore della tradizione romantica e uno dei più grandi coreografi di ogni tempo. Grazie alla sua prolificità e fantasia coreografica che unisce la purezza della scuola francese al virtuosismo di quella italiana, il balletto russo ha conosciuto con il suo avvento grande fama internazionale raggiungendo il massimo del suo splendore.

Serge Lifar, danzatore, coreografo, teorico e sperimentatore di danza, con "Icaro" tenta una duplice avventura: la storia stessa di Icaro e il tentativo di danzare senza musica, o, meglio, con e su dei suoni che sono stati dettati dal coreografo al musicista. È considerato uno dei creatori della danza neoclassica.

Roland Petit è uno dei coreografi più conosciuti, amati e acclamati, la quintessenza della danza francese di questo secolo, intrisa d'impegno intellettuale e joie de vivre. Un artista che ha fatto ballare tutti i più grandi danzatori del mondo, è stato invitato in tutti i teatri del pianeta e ha firmato oltre un centinaio di coreografie.

George Balanchine fonderà a New York la Scuola dell'American Ballet. Dal ritmo al costume, dalla struttura coreografica all'assenza della narrazione: tutto sarà estremamente moderno, simbolo di un nuovo stile americano. Immensa è la sua importanza nella storia della danza come rinnovatore e come valorizzatore delle qualità del danzatore. La sua opera, oltre ad arricchire il repertorio del balletto mondiale con oltre 420 coreografie, ha contribuito alla crescita di bravi coreografi.

NS

...TOLTO IL FIATO, INCANTATO...

INCONTRO CON **Eugenia Casini Ropa**

Già professore associato di discipline storiche della danza al DAMS di Bologna, è presidente dell'Associazione Nazionale Danza Educazione Società (D.E.S.) che promuove la danza in ambito educativo. Esperta di storia del Novecento, dirige collane editoriali e ha fondato la rivista online "Danza e Ricerca".

Come si può definire la danza contemporanea?

La danza contemporanea è difficile da definire perché è nata da un insieme di tecniche, di stili, di poetiche, di modi di intendere e praticare la danza assai diversi: è una danza di fusione, di miscela, di meticciato. Nella seconda metà del Novecento sono state spezzate le barriere degli stili e delle tecniche; il movimento postmodern ha attestato che qualunque gesto, anche un movimento quotidiano, può essere danza se ne ha l'intenzione. Gli artisti di oggi utilizzano ogni possibilità motoria, ne fa fede la loro stessa formazione; soprattutto in Italia, la formazione è raramente di scuola o di apprendistato presso un maestro, è spesso un percorso composito fatto di molti assaggi di tecniche, stili e approcci diversi che si sommano insieme. La danza contemporanea si caratterizza per una

grande libertà nell'uso del corpo e dell'espressione:

può avere significati profondi o essere puro segno gestuale nello spazio, corpo in movimento senza ulteriore significazione se non il suo mostrarsi.

Si potrebbe dire che la danza contemporanea sia una danza di ricerca?

La migliore danza contemporanea per sua stessa natura è danza di ricerca, perché non è codificata, ma parte dalla persona dell'artista, la attraversa e la manifesta nella sua particolarità. Per questo ogni volta è diversa nelle sue modalità e spesso non semplice da fruire, tanto da essere ritenuta, in Italia soprattutto, spettacolo di nicchia, adatto solo a un pubblico di amatori, anche se tale non sarebbe la sua natura.

Spesso la danza non è piacevole, distensiva, anzi risulta dolorosa, faticosa, priva di ciò che comunemente s'intende per "bellezza". A volte nelle performances non c'è musica, ma suoni insoliti, rumori o silenzio, non si ricerca il piacere estetico dell'armonia, di una tranquillizzante riconoscibilità, o addirittura non c'è una "danza" riconoscibile dai più.

La ricerca, lo studio continuo del corpo e del suo movimento, sono la fonte vitale della danza contemporanea. A volte, però, questo studio è diventato il fine stesso del danzatore anche in scena. Nelle rassegne dei giovani si nota una crescente precisione, una maggior coscienza del corpo e della dinamica, ma spesso in scena si vedono solo "studi" incerti di movimento, e talvolta purtroppo pretestuosi. Se desidera uscire dalla nicchia, e avvicinare più spettatori, la danza teatrale contemporanea dovrebbe superare l'idea di essere solo studio e non vera "opera". La ricerca dovrebbe nutrire l'arte e la comunicazione. Del resto la danza contemporanea rispecchia il tempo a cui appartiene, come è sempre avvenuto. Tutte le arti hanno sgretolato i linguaggi già istituiti, li hanno frantumati, mischiati. Questo ha creato disorientamento, non ancora placato, nel pubblico e negli artisti stessi.

Non ha senso una danza cieca che non

C'è confusione nel definire oggi cosa sia la danza contemporanea, anche tra i danzatori che la praticano?

La danza dei nostri giorni è nata nel corso del Novecento dalla volontà di rendere la danza "democratica". Il pensiero che ricorre è "ogni uomo è danzatore, tutti possono danzare perché la danza è un fenomeno antropologico, fa parte di noi". Concezione importante, che permette oggi a tutte le persone di vivere in libertà e spontaneità il loro corpo danzante, senza distinzione di età, sesso o abilità. Ma in campo più strettamente creativo e artistico, talvolta si è ottenuto un effetto distorto: molti danzano, ma è chiaro che non tutti hanno qualità artistiche da esibire. Soprattutto non tutti possono essere coreografi, cioè organizzare la propria danza e quella altrui rendendola interessante per altri. Molti ottimi danzatori sono scarsi o pessimi coreografi. Inoltre una forte spinta individualista fa sì che spesso chi inizia a danzare confidi esclusivamente nella propria creatività, chiudendosi nella propria esperienza con scarso rapporto con il mondo, con la storia della sua stessa arte, con gli altri, quelli che dovranno comprenderlo come artista.

Una maggiore condivisione del mondo e della storia può arricchire molto un artista e fargli scoprire modi più comunicativi di avvicinarsi alla danza.

Il danzatore dovrebbe quindi essere più aperto?

Accanto ad artisti maturi e consapevoli, che si sono aperti al mondo, alla cultura e al sociale, in una parte della nostra danza contemporanea non c'è apertura, desiderio di mirare oltre se stessi e, dunque, non si compie un'operazione condivisibile di trasformazione creativa e di comunicazione. Non ha senso per me in teatro una danza cieca, che non vede al di là del corpo, che non apre a nulla al di là di quel corpo che talvolta si dibatte come una farfalla prigioniera. Manca a volte a chi inizia - e non solo - sia l'esperienza culturale sia quella comunicativa, che portino al di là della visione singola, mentre si nota invece, negli ultimi tempi, una maggiore qualità, una migliore capacità di gestione del corpo rispetto agli anni Novanta. Sono danzatori più preparati fisicamente, ma spesso ignari delle loro radici e del loro legame con chi li circonda, con chi aspetta di essere commosso e persuaso e dal quale pretendono massima disponibilità ad accettarli. Il puro rispecchiamento neuronale non basta, se non trasmette anche un'essenza più intima.

In questo lungo momento di passaggio e di grandi cambiamenti, dove si trova la danza?

La danza contemporanea rispecchia il tempo a cui appartiene, come è sempre avvenuto per le arti. In un mondo frammentato e confuso, fluido e poco comprensibile, privo di certezze e di mete definite, la danza è anch'essa smarrita; nel migliore dei casi cerca un'identità e un ruolo, oppure si chiude su se stessa in attesa. Del resto tutte le arti hanno frantumato i linguaggi già istituiti, mischiandone

vede al di là del corpo

la danza contemporanea vive di "sensazione"...

i pezzi o tornando a balbettare. Può risultare doloroso, perché spezza il senso logico del linguaggio a cui siamo abituati da secoli, la catena causa-effetto che ci ha sempre aiutato a capire. Per questo la danza contemporanea è a volte quasi afasica, ha l'impossibilità di dire quel che si vorrebbe dire in modo lineare e semplice, perché questo mondo non permette più di averne una visione semplice e lineare.

In un mondo sempre più virtualizzato, la danza può avere un interessante ruolo "politico" con la sua stessa esistenza, col primato del corpo in vita e delle sue possibilità espressive e comunicative. Lo dimostrano oggi la grande diffusione di tante forme di danza a disposizione in migliaia di scuole e le sempre più numerose esperienze di danza sociale e di comunità. Gli artisti della danza possono avere coscienza di questo loro possibile ruolo e farne una scelta di identità, se cercano una sintonia reale con la loro contemporaneità. Ma credo che debbano continuare a cercare i modi giusti per una interazione valida su una scala più ampia di quella attuale. Un secolo fa la danza moderna aveva riscoperto il corpo come mezzo di espressione e di comunicazione dei sentimenti e delle emozioni che il mondo produceva in loro e che così venivano condivisi con il suo pubblico. La danza di allora veniva dall'interno del danzatore, ma tendeva a uscire, a espandersi e a trovare rispondenza negli altri. Oggi, dopo l'esperienza post-moderna e nella crisi attuale di disorientamento, la danza contemporanea vive di "sensazione" più che di "espressione". Quel che conta cioè, è spesso solo ciò che il danzatore sente dentro il suo corpo, nel respiro, nei muscoli, nelle articolazioni; un "sentire" che lo porta a concentrarsi solo su se stesso, alzando un vetro tra sé e lo spettatore e che nei casi peggiori lo rende quasi "autistico", incapace di usare il linguaggio, talvolta ricco, che sta creando per comunicare davvero.

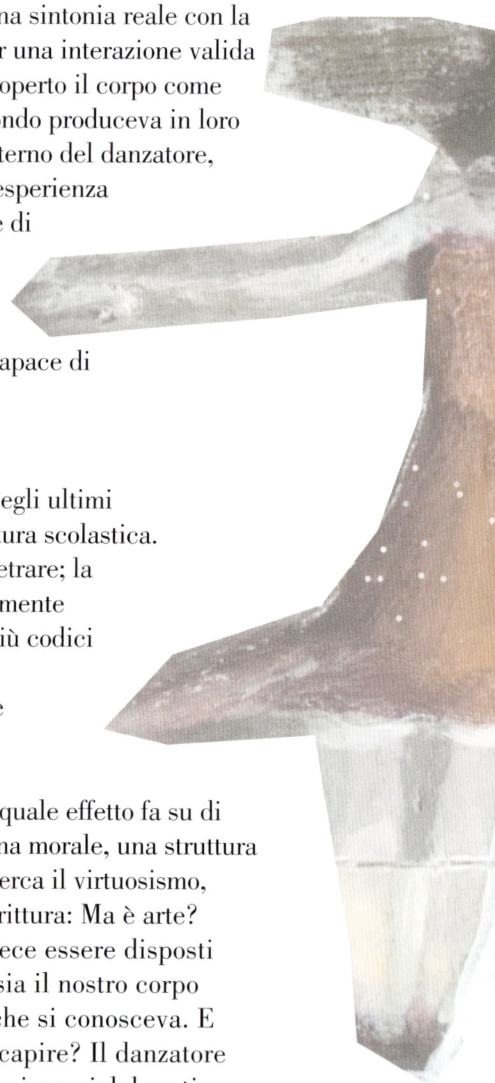

Crede che il pubblico manchi di educazione?

Manca purtroppo un'educazione all'arte in generale, sempre meno curata negli ultimi decenni, e a quella della danza in particolare, sempre dimenticata nella nostra cultura scolastica. La danza contemporanea, così personale e variegata, sembra molto difficile da penetrare; la richiesta da parte del pubblico generico è di avere di fronte qualcosa di immediatamente comprensibile, di riconoscibile nelle forme e nei contenuti. Ma oggi non esistono più codici o standard definiti a cui riferirsi; lo stesso critico di danza deve sapere di danza, di teatro, di cinema, di arte visiva, di informatica, di cultura a tutto tondo, per riuscire a penetrare criticamente le creazioni. Allora come si può guardare la danza contemporanea? Con apertura e disponibilità, disponibili a farsi prendere, a lasciarsi meravigliare, a vibrare insieme con quei corpi in movimento e a sentire quale effetto fa su di noi. Se si va per ragionare e giudicare, come si va a teatro, se si cerca una storia, una morale, una struttura nota, è più difficile che accettare lo spettacolo anomalo che spesso si vedrà. Se si cerca il virtuosismo, i "passi" o il ritmo accattivante si può rimanere smarriti. A volte ci si chiede addirittura: Ma è arte? È danza? Perché non si va per "conoscere", ma per "riconoscere". Occorre invece essere disposti a guardare, ad ascoltare, senza preconcetti e senza fare paragoni, lasciare che sia il nostro corpo ad afferrare il senso di un altro corpo che si muove in modo diverso da quello che si conosceva. E questo è possibile anche senza una preparazione specifica? Come fa il corpo a capire? Il danzatore ritrasmette all'esterno gli stimoli provenienti dal mondo esterno e da quello interiore, rielaborati, trasformandoli in movimento simbolico, poetico. Tutto quel che il danzatore riceve da tutti i suoi sensi per sinestesia, lo restituisce in cinestesia, lo filtra e lo trasmette allo spettatore disponibile attraverso il movimento. È quello che Rudolf Laban chiamava il pensare attraverso il movimento, passare direttamente dalla sensazione, dal pensiero, dall'emozione al linguaggio del corpo e con questo linguaggio senza parole farsi comprendere dagli altri corpi.

La danza contemporanea ha avuto in Italia sviluppo tardivo. A causa del suo ricco patrimonio classico?

Negli anni Dieci-Venti del Novecento è cambiato il volto della danza in Europa, ma in Italia c'era il fascismo e c'era il balletto, sempre meno vitale, con le sue istituzioni conservatrici. I Ballets Russes hanno rimodernato la danza accademica, ma in Italia non hanno fatto breccia; si conservava la casta dei ballerini chiusi nei teatri con le loro tradizioni, e questo ha ostacolato il cambiamento. Jia Ruskaja è riuscita per prima a entrare per breve tempo alla Scala a proporre la sua danza libera, ma quando ha fondato a Roma l'Accademia di danza, ha dovuto via via rinunciare a questa innovazione di sapore duncaniano. In Italia non c'era storia per una danza che non fosse quella classica. Negli anni Quaranta-Cinquanta è penetrata quasi sotto traccia in Italia un po' dell'eredità espressiva tedesca, che ha tentato di svecchiare la danza.

Alcune danzatrici formate in Germania, in Svizzera, in Austria, alle scuole Jacques-Dalcroze e Laban, crearono degli studi a Torino, Firenze, Trieste e Roma e lavorarono con i ragazzi insegnando cose nuove, sconosciute e affascinanti (Hutter, Faggioni, Sakharoff). Più tardi a Roma, negli anni Settanta, Elsa Piperno e Joseph Fontano con Teatrodanza, Patrizia Cerroni con i Danzatori scalzi hanno introdotto la tecnica Graham e la modern dance, ma con pochi risultati. Solo verso la fine del decennio, quando i danzatori iniziarono ad andare all'estero a studiare e tornarono con un bagaglio rinnovato, iniziò il cambiamento. Una spinta importante è poi arrivata dal teatro, quel teatro corporeo che rivendicava l'espressione fisica sulla parola. E le prime vere esperienze di danza contemporanea degli anni Ottanta sono spesso nate da persone che avevano avuto esperienze teatrali. Poi è stata chiamata Carolyn Carlson a Venezia e si è avuta forse la prima vera esperienza di un "maestro" riconosciuto da seguire; con lei si forma quasi tutta la prima generazione dei danzatori-coreografi contemporanei italiani. Nascono i primi gruppi che si sviluppano e si moltiplicano per i decenni successivi, ma purtroppo non si creano luoghi abbastanza stabili di studio né, quel che è peggio, si sviluppa una politica culturale che favorisca la danza e la sua diffusione.

Quali artisti hanno lasciato le tracce per creare un terreno fertile alle nuove generazioni?

La nostra danza contemporanea si trasmette per stages, seminari, occasioni isolate. Gli artisti non hanno creato vere scuole, non hanno voluto, o potuto, per le difficoltà tutte italiane e per la tardiva elaborazione di stili personali, dedicarsi con continuità alla formazione, ma hanno dato e danno fertili esempi e offerto alcune opportunità a giovani danzatori. Virgilio Sieni è riuscito a condurre un percorso incredibilmente ricco e multiforme, costante nel tempo e sempre attivo, passando di ricerca in ricerca, linguistica e spaziale. Ha mantenuto un gruppo nel tempo, ha costruito negli anni uno stile di movimento ben riconoscibile, che ha improntato eccellenti danzatori, ha impiantato un centro. Si pone continue sfide intellettuali (con i bambini, con i ciechi, con gli anziani); è sicuramente il più costante, il più creativo, il più prolifico. C'è Roberto Castello, personaggio fuori dagli schemi, il più impegnato politicamente, che procede con azioni di "guerriglia" danzante, vere provocazioni al pubblico; è intelligente e combattivo, aperto all'ascolto. Poi ci sono Abbondanza e Bertoni, con creazioni interessanti di teatro danza, con severi principi zen e attitudine all'insegnamento. C'è Raffaella Giordano, splendida danzatrice lirica, portatrice di intima poesia; Enzo Cosimi, l'enfant terrible, più violento e contestatore, espressione di una contemporaneità metropolitana e iconoclasta; Giorgio Rossi, col suo mondo di mimo-danza un po' clownesco, stralunato, simpatico. I giovani, tuttavia, spesso rifiutano di seguire le orme e affrontano percorsi accidentati senza maestri e addirittura senza memoria. Bisogna solo augurarsi che genio e passione li guidino verso conquiste sempre più avanzate.

Intervista a cura di Nuria Sala

ESPRESSIONE

Danzare *è vivere la vita nelle sue vibrazioni più sottili e più elevate.*

Danzare è sentire se stessi come parte del mondo cosmico, radicati nella realtà interiore dello spirito.

Ruth St. Denis

La "più alta intelligenza nel corpo più libero", *annuncia Isadora Duncan e si spalancano gli spazi della danza moderna, oltre i confini codificati delle regole classiche, nella libera espressione del corpo, nella poesia dei gesti, nella liberazione delle emozioni. Un nuovo linguaggio del corpo, coraggioso e generoso che con Pina Bausch diviene "linguaggio della vita"*

È con la danza moderna che nasce il senso dell'esprimere, del portare fuori da se stessi i sentimenti e le emozioni, in modo che l'anima possa fluire all'esterno. A metà del secolo poi qualcosa è cambiato. Dall'espressione si è passati alla sensazione, e la danza è diventata una danza del sentire.

Il risveglio del corpo

Se nell'Ottocento la danza era rappresentazione, nel Novecento diviene "espressione": il corpo è veicolo per esprimere le emozioni interiori, anche quelle più intime (Isadora Duncan); si sviluppa un nuovo rapporto con lo spazio e con il tempo, cambiano il registro del corpo e la visione dell'equilibrio, si esplorano le infinite potenzialità del movimento in relazione allo spazio (Merce Cunningham).
Ed è proprio **il senso dello spazio** a rappresentare uno degli aspetti più travolgenti della danza contemporanea: il corpo è proiettato in un dialogo dinamico che esprime la libertà del gesto in continuo spostamento.
Si valorizzano quei gesti e movimenti capaci di esprimere in modo naturale la personalità e i sentimenti del danzatore. Se i ballerini classici si mostravano frontalmente al pubblico e tutti i loro movimenti si sviluppavano partendo da questo tipo di relazione spaziale (posizione del busto eretta e gambe ruotate verso l'esterno a partire dall'articolazione dell'anca), nella danza moderna i ballerini si muovono occupando tutto lo spazio del teatro, mostrando anche il fianco o le spalle al pubblico. La posizione del busto rispetto alle gambe può variare; i danzatori possono anche muoversi a terra, sdraiati sul palcoscenico.

IL CORPO

UN'IDEA DI "CORPO APERTO"...

Se l'estetica del balletto classico imponeva la leggerezza e ricercava l'illusione di poter infrangere la legge di gravità, **la danza moderna sceglie il rapporto con la terra**, dando valore ed espressione al peso del corpo.
E il rapporto con il suolo va ad alterare considerevolmente la visione dell'equilibrio e il suo concetto fisico, si danza a piedi nudi, cambiando il registro del corpo, cercando l'asimmetria, e anche il disequilibrio.

> "Mentre nel balletto il danzatore tende all'aereo e la danzatrice all'immateriale (e nell'Ottocento per meglio accentuarlo si ricorse alle famose alette alle spalle), nella danza della Graham si tende all'humus, senza compiacenze edonistiche e superficiali decorativismi ma con una quasi costante aderenza al suolo, a piedi nudi naturalmente, e una articolazione apparentemente spontanea delle membra, salvo poi le librazioni e vibrazioni, gli slanci, le cadute con rapidi risollevamenti da terra"
>
> *Alberto Testa*

È VEICOLO PER ESPRIMERE LE EMOZIONI INTERIORI

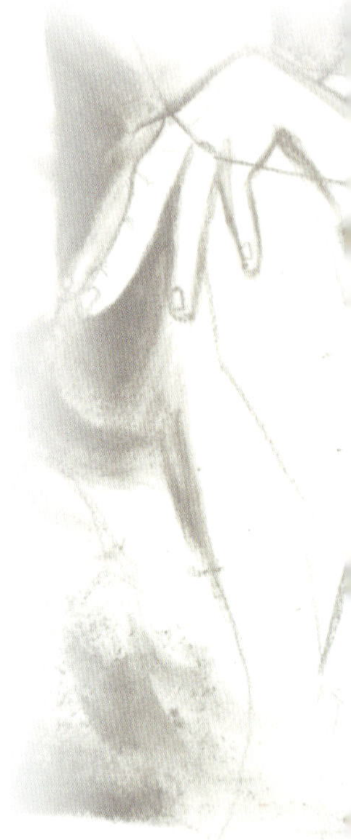

La proiezione dello spazio interiore

di Nuria Sala

In Occidente, a partire dalla fine del secolo XIX, cambiano notevolmente la visione dell'uomo e della società. Nell'arte della danza si ritorna allo studio del corpo come soggetto centrale, mettendo in questione il suo rapporto con lo spazio, liberandolo dall'oscurantismo e restituendogli il suo valore: sede dell'anima, sede delle emozioni, sede del pensiero. La danza moderna propone un idea di "corpo aperto".

Nasce un **movimento di ritorno alla natura e alle origini**; ne è un esempio l'esperienza di Monte Verità dove si sperimenta un ritorno alla natura, liberando il corpo dalle abitudini: si va nei boschi, si danza nudi, si insegue il vento, cercando di acquisire i ritmi che abbiamo dentro di noi. Il ritmo fa scattare il movimento, è vicino alla natura, è ciclico. Attraverso un'educazione armonica del movimento si finisce per educare il tutto. In quel periodo si pensava a una formazione del movimento ritmico danzato che implicasse l'essere umano nella sua globalità, formazione contemporaneamente etico-estetica; andando aldilà del movimento muscolare, lo si elevava a poesia, progettando un uomo utopico, un uomo olistico, uomo nuovo. Si pensava dunque anche a una nuova pedagogia.

Tanti i pionieri: François Delsarte, Émile Jacques Dalcroze, Rudolph Laban...
Nell'Ottocento la danza era "rappresentazione", nel Novecento diventa "espressione", un "tirare fuori da sé", non una semplice finzione, ma un'indagine sul rapporto interno-esterno. Si volge **lo sguardo al passato per compiere un salto in avanti**, nasce l'interesse per la mitologia greca e per le culture antiche e lontane, dall'India al Giappone alla Cina. I danzatori ne faranno soggetti delle loro coreografie, della loro ricerca; da Isadora Duncan a Mary Wigman, a Kurt Jooss, Ruth Saint Denis, Ted Shawn, Martha Graham... altri orizzonti e dunque altri equilibri da cercare. Il risveglio di questo corpo che si propone

come nuova poetica del gesto, farà sì che la danza entri nella vita sociale, nelle strade, nelle fabbriche. Da allora, in Occidente, la ricerca non si è più fermata e sono sorte nuove e diverse tecniche di espressione del corpo.

François Delsarte, maestro di canto e recitazione, dedica quarant'anni all'analisi dell'espressione umana, creando un metodo che si basa sulla "legge trinitaria", dove a: **Voce, Gesto e Parola**, corrispondono **Corpo, Anima, Intelletto** e gli attributi: **Bello, Buono e Vero**. Il gesto assurge per Delsarte al vertice della gerarchia dei linguaggi espressivi e viene studiato secondo tre linee di ricerca: **la statica, la dinamica, la semiotica**.

Émile Jacques Dalcroze crea una ginnastica ritmica per sviluppare l'orecchio interno, la coordinazione e la concentrazione; basando quasi tutto sul semplice movimento attivato nel camminare. Uno dei risultati più significativi del suo metodo è la danza ritmica, aggraziata e grecizzante, che si fonda sulla uniformità del movimento, la ripetitività, la simmetria, la specularità.

Rudolf Laban propone un'educazione individuale al movimento, servendosi delle qualità e delle particolarità di chi lo compie. Il movimento tende a trovare il ritmo individuale di ogni essere per farlo arrivare all'equilibrio e all'armonia personali. Nella scuola di Laban, la danza nasce liberamente dal gioco dialettico del corpo nello spazio aperto, dalle dissonanze, dai disequilibri e dalle tensioni contrapposte che caratterizzano il movimento e l'integrazione dei tre piani dello spazio: verticale, orizzontale e sagittale che, a loro volta, sottolineano altezza, larghezza e profondità.

Nella danza moderna, contemporanea, il rapporto con il suolo ha alterato considerevolmente la visione dell'equilibrio e il suo concetto fisico, **si danza a piedi nudi**, cambiando il registro del corpo, dandogli valore, cercando l'asimmetria, il disequilibrio. Deformazione e idealizzazione escono dalla forma quotidiana, come avviene nell'arte.
Uno degli aspetti più travolgenti, nella danza contemporanea, è il senso dello spazio, il corpo è proiettato in un dialogo dinamico che esprime la libertà del gesto in continuo spostamento. La danza **si è aperta a luoghi insoliti**, è stata portata al di fuori dello studio, al di fuori del teatro, cercando questo dialogo con lo spazio appassionatamente, sperimentando e rischiando. Fondamentali sono lo studio e la sensibilizzazione del corpo, attraverso un "fare il movimento" in modo consapevole, portando alla riflessione le scelte, sia delle azioni che si compiono che dell'uso dello spazio, della dinamica e delle relazioni, dando valore alla pedagogia, ponendosi molte domande rispetto a chi ci si rivolge e a come si svolge questa trasmissione di conoscenze; sottolineando che tutti possono danzare e ne hanno il diritto. L'improvvisazione e la composizione saranno una parte molto importante nello studio della danza, permettendo così nel tempo la nascita di poetiche e di approcci molto vari nel campo della danza contemporanea.

Lo studio e la ripetizione di sequenze di movimento come "correre, cadere, rialzarsi, sospendersi, saltare, girare e dondolare" possono essere attuati ed esplorati con delle dinamiche e delle qualità molto diverse, tenendo in considerazione che qualunque punto dello spazio può diventare il centro. La consapevolezza del danzatore dei punti di appoggio con il suolo e con gli oggetti, la spinta, l'abbandono, l'uso del peso nella dinamica del movimento, le prese di contatto con altri danzatori; tutto questo richiede un continuo aggiustamento dell'equilibrio, con lo spazio, con l'altro e con se stessi.

CORRERE, CADERE, RIALZARSI, SOSPENDERSI, SALTARE, GIRARE E DONDOLARE

LA FORMA DI UN MOVIMENTO

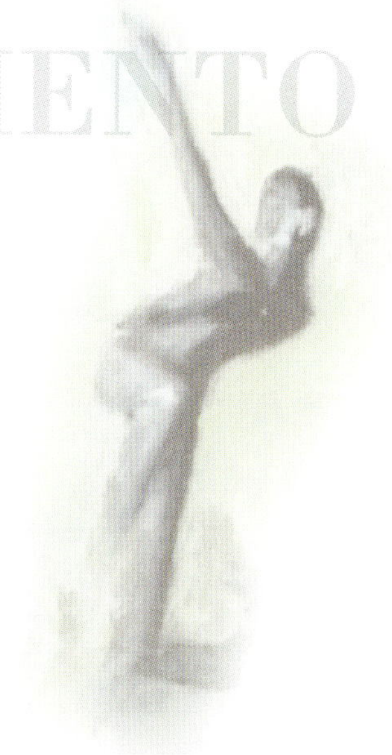

La danza è uno strumento che permette una metamorfosi continua, un'indagine e una penetrazione nei diversi stati del corpo, **entrando nei differenti livelli della conoscenza**. La danza è un'arte effimera, che vive, che esiste solo nel momento del trasporto. Danzando si mette in moto una grande quantità di energia, è un trasporto profondo che coinvolge l'essere offrendogli un nuovo equilibrio.
In questi stati profondi la **relazione tra il dentro e il fuori**, l'oggettività e la soggettività, trovano altri punti di contatto cambiando la dimensione del tempo e dello spazio. La proiezione di questo spazio interiore, un altro se stesso, fa sì che la visione si sposti da un piano fisico a un piano metafisico.
L'attuale sfida del mondo della danza richiede sempre più danzatori che possiedano questa capacità di andare o di passare da un sistema all'altro, da una tecnica all'altra; occorre una grande plasticità, vivere profondamente la forma di un movimento, avere un corpo sensibile.

NS

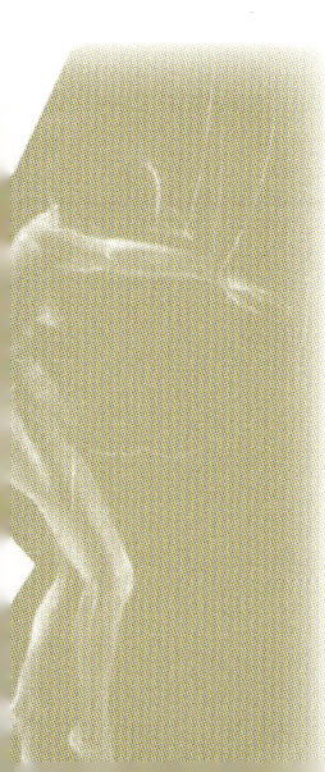

Centralità del corpo, la danza libera dei primi del Novecento

di Nuria Sala

La liberazione del corpo, questa è la pura essenza della danza moderna, in accordo con le teorie che vanno da Isadora Duncan, Loie Fuller, Ruth Saint-Denis, Doris Humphrey, Martha Graham, Mary Wigman.

La presenza di Mary Wigman nel suo assolo "Hexentanz" o "Danza della Strega" colpisce per forza e densità.
I capelli sciolti attorniano il suo volto coperto da una maschera che lei stessa aveva realizzato, rendendola ancora più intensa e misteriosa. L'impassibilità del volto contrasta con l'intensità della sua danza.

I suoi movimenti incidono lo spazio lanciando delle immagini e poi trattenendole, mostrando una dimensione selvaggia e nello stesso tempo molto controllata, incarnando le forze invisibili e sprigionando grande energia nei gesti.

SENZA ESTASI

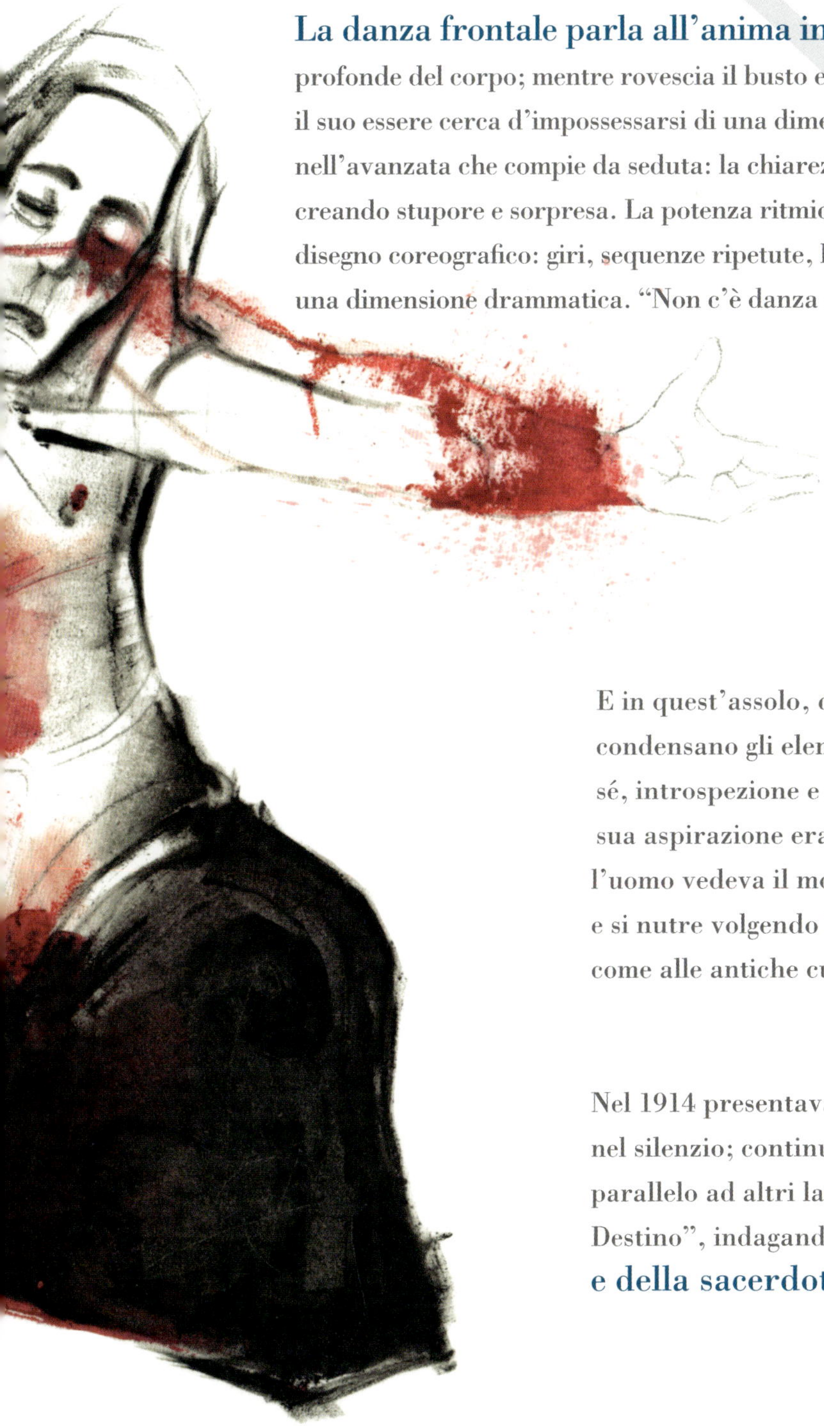

La danza frontale parla all'anima in modo diretto, rendendo visive le pulsioni profonde del corpo; mentre rovescia il busto e la testa indietro, le sue braccia, le sue mani, tutto il suo essere cerca d'impossessarsi di una dimensione altra. Un'energia veramente sorprendente nell'avanzata che compie da seduta: la chiarezza e la decisione si mescolano con l'inatteso, creando stupore e sorpresa. La potenza ritmica delle percussioni e dei gong s'intreccia al disegno coreografico: giri, sequenze ripetute, brusche interruzioni, sospensioni, tutto respira una dimensione drammatica. "Non c'è danza senza estasi", questo sosteneva Mary Wigman.

E in quest'assolo, diventato un simbolo dell'espressionismo, si condensano gli elementi fondanti della sua danza: espressione del sé, introspezione e rivelazione degli stati e degli spazi interiori.La sua aspirazione era cercare, incontrare "il momento iniziale in cui l'uomo vedeva il mondo per la prima volta". La sua danza s'ispira e si nutre volgendo lo sguardo alle danze rituali di altri popoli, così come alle antiche culture e religioni orientali.

Nel 1914 presentava per la prima volta il suo assolo senza musica nel silenzio; continuerà poi a lavorare ad "Hexentanz" e in parallelo ad altri lavori come "Schicksalslied" o " Il Canto del Destino", indagando così tra **le figure estreme della strega e della sacerdotessa**.

E DEGLI SPAZI INTERIORI

La sua vera presentazione della "Danza della Strega" avverrà nel 1926, dopo 12 anni, e diventerà il suo sigillo. "Hexentanz" fu considerata una provocazione, una novità che **rompeva con la tradizione della danza classica**, trasgredendo le regole, le convenzioni di una società tradizionale. La Wigman, così come tanti altri artisti, anticipava e spingeva con la propria arte la trasformazione, il cambiamento necessario per il secolo appena iniziato.

Era un periodo di grande fermento, soffiava il vento di una nuova primavera tra pittori, letterati, filosofi, danzatori, musicisti, attori, psicoanalisti... **L'espressionismo era un movimento vitale** e di grande slancio

che cambiò la visione dell'uomo. Al centro dell'attenzione si poneva il corpo, l'emozione, l'espressione interiore della persona, l'inconscio.
Il nuovo pensiero sorgeva dal profondo, pulsava una necessità di liberazione.
Immergersi nella natura: il corpo-anima "koperseele" respira, prende il volo; teorie e nuove concezioni sono in atto e si diffondono, sostenendo che il corpo in movimento è manifestazione dell'anima.

NS

Mary Wigman inizia il suo percorso nel 1911 studiando ginnastica ritmica con Émile Jacques Dalcroze; in seguito l'amico pittore Emil Nolde le consiglierà d'incontrare Rudolf Von Laban nella libera comunità di Monte Verità. La Wigman diventerà sua allieva e poco dopo la sua assistente.
Si trattò di un incontro fecondo: lei porterà avanti la sua originale ricerca come danzatrice e coreografa. Laban, coreografo, studioso, ricercatore, pubblicherà il testo sulla filosofia della danza "Coreosofia".

Mary Wigman nel 1920 apre una scuola di danza a Dresda, dove lavorerà alla sua danza espressiva o "Ausdruckstanz".
Mary Wigman e Kurt Jooss, tutti e due allievi brillanti di Laban, continueranno gli studi e gli esperimenti sull'analisi del movimento e saranno in grado di esporre i progetti artistici e didattici della moderna danza espressionista. Il dialogo tra la "Ausdruckstanz" e l'espressionismo tedesco darà origine al Tanztheater, che vede tra i massimi esponenti un'altra allieva di Kurt Jooss: Pina Bausch.

L'eredità di Mary Wigman sarà riscoperta negli anni Settanta con l'affermarsi del Tanztheater, e in particolar modo attraverso la straordinaria figura di Pina Bausch.

Danzate, danzate, danzate
altrimenti siamo persi.

Pina Bausch

COLLEGARE IL

E venne la Modern Dance

di Nuria Sala

Con la Modern Dance nasce un nuovo modo d'intendere il corpo; saranno **le donne, le danzatrici, a cambiare i ruoli** e i modelli fino ad allora plasmati e condizionati dal pensiero e dalla visione maschile. Il nuovo corpo sarà rivoluzionario, travolto dal profondo desiderio di mettersi in gioco, di esplorare e di esprimere tramite la danza una nuova identità femminile. Il protagonismo delle danzatrici e delle coreografe aprirà la scena a nuovi linguaggi, ponendo in primo piano il loro universo interiore e la loro visione del mondo, rovesciando lo stereotipo della danzatrice.

Nella società si fece strada una progressiva liberazione dei costumi; il rispetto dell'individuo, la libertà, l'esercizio dei diritti, molte cose furono permesse e **cessarono alcuni tabù**. Il corpo divenne il grande protagonista, l'immagine dell'uomo, ma soprattutto della donna liberata, da allora in avanti passerà attraverso un modo di porsi che garantisce una sempre maggiore libertà del corpo, in tutte le sue manifestazioni superando il dualismo della tradizione giudaico-cristiana.

> "La grazia rappresenta la vostra relazione al mondo,
> il vostro atteggiamento nei confronti della gente
> con cui e per cui danzate."
>
> *Martha Graham*

Martha Graham, profetessa e pioniera della Modern dance

MEDEA, GIOCASTA, CLITENNESTRA,
FEDRA, ANDROMACA,

GESTO CON LO SPIRITO

"Per molti ero un'eretica... Mi ero posta fuori dal mondo delle donne, non danzavo come le altre, utilizzavo una tecnica che definivo "contrazione e distensione", usavo il pavimento, mostravo la fatica, ero a piedi nudi. In molti modi mostravo sul palcoscenico proprio ciò che il pubblico voleva evitare di vedere venendo a teatro."

Martha Graham ha aperto una strada, impegnandosi nella creazione di un nuovo approccio alla danza, partendo dal proprio corpo ed **esplorando la natura femminile in tutti i suoi aspetti**. Riflessione, ricerca, lettura sull'immaginario erotico, sentimentale e sociale dell'universo femminile, saranno il filo rosso in molti dei suoi lavori coreografici. Tanti i personaggi femminili della mitologia greca che saranno interpretati e danzati da lei e dai suoi danzatori: Medea, Giocasta, Clitennestra, Fedra, Judith, Andromaca, Circe, Persefone...

La poesia, la pittura, i libri, i problemi sociali, le difficoltà degli immigrati, la denuncia di discriminazione verso le minoranze, la vita stessa, tutto sarà fonte di nutrimento per la sua ispirazione. Si interesserà alle teorie psicoanalitiche di Freud e di Jung cercando di tradurre le tensioni del subconscio.
Il suo lavoro coreografico è stato molto vasto, arrivando al grande pubblico americano, cambiando lo status dell'arte della danza e suscitando l'entusiasmo dei danzatori e del pubblico.

CIRCE, PERSEFONE...

LA RESPIRAZIONE GUIDA

"La danza della Graham è teatro nel senso classico del termine, come lo concepirono i Greci, i primitivi, comunicazione con il proprio destino e la divinità. Siamo all'origine stessa del teatro, rito e dramma."

Alberto Testa

La Graham ha creato la prima codificazione di un linguaggio, di una tecnica, mirati alla formazione del danzatore moderno. La tecnica intesa come strumento e percorso verso l'acquisizione della maestria che permette al danzatore d'interpretare al meglio le sue coreografie. Tecnica e coreografia si evolveranno assieme, di pari passo.
Le persone che frequentavano la sua scuola iniziavano una strada di trasformazione, una riscoperta del proprio corpo, un processo di consapevolezza fisica, emozionale, intellettuale, artistica e personale.

L'atto di respirare è un processo fisiologico che coinvolge interamente la parte centrale del corpo ovvero torace e addome; osservando questo atto nell'inspirazione ed espirazione, la sua relazione con il corpo e le sue modificazioni, costruirà il nucleo fondante della sua tecnica: **"contraction-release"** (contrazione-distensione).

Nella contraction c'è una spinta in avanti del bacino in relazione all'inspirazione che coinvolge tutta la spina dorsale; nel release, con l'espirazione, l'impulso contrario. L'importanza del baricentro nella zona pelvica, la sua relazione al busto e la spirale, saranno fondamentali nel suo modo di danzare e di insegnare. Si danzava a piedi nudi, in costante relazione con la terra, in contatto con le forze naturali, in contrapposizione con il librarsi etereo del balletto classico.

LA MIA

IL GESTO

La relazione del corpo con il suolo: la spinta, l'abbandono, le cadute (in avanti, all'indietro e laterali), sono elementi riconoscibili della sua tecnica. Affermava: **"Volevo movimenti significativi.** Io non volevo che fossero belli o fluidi. Volevo fossero carichi di significato profondo, danzati con entusiasmo e impeto". E ancora: " La danza è movimento reso significativo; la tecnica viene usata per esprimere un contenuto spirituale in forma intelligibile."

L'impatto di Martha Graham sulla danza è stato sconcertante, spesso paragonato a quello di Picasso sulla pittura, di Stravinskij musica o di Frank Lloyd Wright sull'architettura. Ha percorso il secolo XX contribuendo a trasformare ed espandere la danza, lavorando in modo travolgente e continuo, creando una compagnia, formando e ispirando generazioni di danzatori e coreografi. Alcuni dei suoi allievi sono diventati grandi artisti: Alvin Ailey, Twyla Tharp, Paul Taylor, Merce Cunningham...

NS

"La mia danza è solo danza. Non è un tentativo di interpretare la vita in senso letterale. È l'affermazione della vita attraverso il movimento. Il suo unico scopo è far sentire vivi, dare allo spettatore quella scossa che lo renda acutamente consapevole del vigore, del mistero, dello humour, della varietà e della meraviglia della vita; fare in modo che lo spettatore se ne vada con un senso più pieno delle sue potenzialità e del potere di realizzarle, qualunque sia il mezzo della sue attività."

DANZA È SOLO DANZA

INCONTRO CON **Elisa Guzzo Vaccarino**

Laureata in Filosofia, si occupa di critica per riviste e quotidiani, è autrice e curatrice di alcuni programmi televisivi sulla danza. Ha insegnato storia della danza alla Scuola di ballo della Scala di Milano, ha tenuto seminari presso il DAMS di Torino e Bologna, La Sapienza di Roma e l'Università di Trento. Dal 2007 è direttrice artistica della sezione danza contemporanea del MAS di Milano e autrice di diversi volumi dedicati alla danza.

Come si sta delineando la danza nel terzo millennio?

Bisogna cercare di staccarsi un poco da una concezione monoculturale, che non è da rinnegare ma da ricollocare. Non dobbiamo continuare a pensare solo nei termini lineari dettati dalla nostra tradizione occidentale (un entroterra classico accademico che sarebbe la categoria di maggiore valore, a seguire la danza moderna, nata in opposizione, poi ancora la danza contemporanea, e poi?). Occorre una prospettiva diversa, considerando l'esperienza di altre culture che non hanno mai rotto con le loro tradizioni, come invece è successo con le avanguardie in Occidente. Dalle varie tradizioni, attraverso un incontro vero, possono nascere nuovi contatti, nuovi stimoli. Tutto questo mantenendo vivo il balletto classico occidentale in quanto tale e la danza moderna in quanto tale, però senza vederli più come la danza in assoluto.

Quale dovrebbe essere oggi la preparazione del danzatore?

Forse diversamente da altri, io continuo a pensare che il danzatore può studiare qui dove viviamo in Europa come negli Stati Uniti. Deve studiare la tecnica accademica, la danza moderna, il lavoro di Merce Cunningham, maestro del postmodern, e così via; e deve essere preparato a non rifiutare altri interventi, non rifiutare, anzitutto mentalmente, la preparazione basica di diverse tecniche: imparare più tecniche possibili è indispensabile.
Io non credo nella "non danza", questo devo premetterlo subito, credo invece nella curiosità, per cui, siccome la danza si fa con il corpo, che è uno strumento estremamente plastico, noi possiamo sempre incorporare cose a partire da quello che possediamo e che troviamo irrinunciabile. Se noi perdiamo la nostra cultura, la nostra tradizione occidentale, non abbiamo niente da scambiare con le altre tradizioni.

Quali sono i luoghi della danza, in cui vede più ricerca e fermento?

Molto difficile rispondere, i francesi pensano che sia Parigi, ma non è così. Non c'è più "il" luogo, come è avvenuto in passato. Parigi all'inizio del Novecento era il luogo dove tutto accadeva, dove andavano quelli che avevano una novità da proporre, dal "Sacre du Printemps" dei Ballets Russes, alle creazioni avant-garde dei Ballets Suédois. Adesso ci sono maestri e personalità internazionali che vanno a insegnare in vari luoghi. Sicuramente ci sono dei paesi che hanno investito molto nell'innovazione, anche a costo di buttar via il denaro, che hanno creduto in strutture di lavoro permanente dove s'incontrano artisti del video, della danza, della musica. Certamente ogni paese ha un po' il suo metodo: in Gran Bretagna hanno una mentalità più angloamericana, privatistica, in paesi come la Francia c'è uno Stato molto presente, con regioni e città che forniscono i mezzi. In paesi come l'Italia c'è la totale confusione invece, e l'indigenza culturale, specie riguardo alla danza, prima ancora che materiale.

Quale ruolo ha la danza oggi nella società?

Ce ne sono diversi. C'è un ruolo di puro consumo televisivo, a volte non deprecabile, a volte di pessima qualità. C'è un ruolo sociale importantissimo nei balli di sala che, in una società molto solitaria e individualista come la nostra, riaprono forti canali comunicativi tra le persone. C'è un ruolo che vorremmo più importante, più sostanzioso nel mondo dell'arte. La danza d'arte avrebbe bisogno di più strumenti per essere comunicata ai possibili fruitori, e questo manca molto, particolarmente in Italia. Non è così dappertutto, in Italia però la critica non esiste più, salvo che per le riviste specializzate, e quindi lo spettatore non viene orientato correttamente verso gli spettacoli, tutt'al più vengono proposte interviste di anticipazione e non viene fornito nessun criterio di valutazione e discussione a posteriori.

Che cosa intende per tradizione?

Le grandi tradizioni occidentale e orientale sono entrambe ardue e molto esigenti dal punto di vista dell'apprendimento. Ogni interprete deve, per prima cosa, impadronirsi del codice e solo dopo può apportare un colore, un tocco personale che vada oltre il rigore di ciò che va preservato, un tocco che lo renda più grande degli altri. Conquistare il codice significa perpetuare la tradizione: questo vale in Oriente e in Occidente. Ci sono modelli di danza straordinari. Il Bharatanatyam, il Kabuki, il grande Balletto Classico di repertorio, per esempio. Oggi Kirov e Marinsky e Bolshoy hanno ballerini strepitosi, mantengono un repertorio ad altissimo livello, anzi c'è tutto un lavoro di ritorno alle forme pre-sovietiche di nuovi talenti, c'è molto fermento; in Russia sono arrivati Balanchine, Forsythe, Preljocaj. Esistono, dunque, dei valori assoluti che appartengono sia alla tradizione occidentale che a quella orientale.

Il mondo globale e multietnico della società attuale si riflette oggi anche nella danza?

No, non ancora almeno, e non è nemmeno così agevole. L'approccio migliore, in questo senso, è quello di non avere timore delle diversità, ma anzi di usarle senza rinunciare al proprio linguaggio e alla propria tradizione culturale. Sarebbe temibile avere un tutt'uno culturale, frutto di una fusione troppo spinta. Lo scambio può avere un senso laddove le differenze vengono mantenute, senza averne il timore.

Pensa che tutte le danze del mondo siano ugualmente importanti?

Direi di sì. Perché tutte nascono dal bisogno profondo di esprimere il tutto che siamo: mente, corpo, anima ed emozioni. Ci sono danze formalizzate, che richiedono un apprendimento complesso, e ci sono danze spontanee che magari vengono formalizzate poi. Diciamo che c'è una differenza di elaborazione, ma dal punto di vista del corrispondere a un bisogno universale di usare il corpo per esserci nella propria interezza, tutte le danze sono alla pari. Vorrei portare ad esempio la danza africana. Qui, danza, canto e musica sono tutt'uno, mentre nella tradizione occidentale sono divisi e appartenenti a campi differenti. Questa diversità, unita al pensiero coloniale, ha fatto sì che, erroneamente, la danza africana, in cui il ritmo viene battuto a piedi nudi per terra, fosse considerata di gran lunga inferiore a quella classica accademica occidentale. Non è un caso che oggi esistano due "Sacre du Printemps" con danzatori africani, in cui le grandi scoperte della ritualità, dell'atavismo, dell'arcaismo, per noi dirompenti nel "Sacre du Printemps" originale di Vaslav Nijinsky (1913), vengono tradotte in una ritualità di radice africana. Penso al lavoro di Heddy Maalem, e a quello di Georges Monboye, che sono assolutamente molto validi, molto interessanti, e non possiamo dire che lo siano meno di altre versioni "bianche".

Sono conquiste reciproche. Noi abbiamo conquistato il senso del ritmo, la percezione del valore del ritmo e della ritualità nella danza, e gli Africani conquistano ora una narratività, un approccio alla musica classica, Stravinskij per esempio.

L'interculturalità, il métissage sono sempre esistiti, ma oggi più che mai c'è la necessità di recuperare la coscienza dei linguaggi nella danza. Può indicare qualche esempio importante di questo percorso?

La parola francese métissage esprime un concetto che va preso con molta prudenza. I francesi hanno fatto delle operazioni di innesto di tecniche della danza contemporanea, così come si è venuta ad elaborare in Francia, in certi paesi africani; esperimento che ha funzionato, perché ha portato elementi formalizzanti in una danza che si pone a metà tra la tradizione e la spontaneità dell'interpretazione. Ovviamente c'è un leggero pericolo di neocolonialismo in tutto questo, che però non deve sfociare nell'"ognuno a casa sua". Nel paesaggio attuale della danza si sono modificati gli orizzonti, e capiremo solo

Ogni altrove è anche qui dove ci troviamo

vivendo come possano evolversi. È una cosa complessa, perché tra diversità e fascinazione della diversità e convivenza rispettosa c'è un equilibrio estremamente delicato.

Il corpo nella danza contemporanea oggi è sufficientemente aperto e disponibile?

Passata tutta la fase degli anni Ottanta, in cui sono arrivate e sono state praticate tante tecniche e tante ricerche, c'è stata una fase di grande disincanto e di interrogativi su tutte queste esperienze. Non basta però fare esperimenti con la "non-danza". Il corpo che è già strutturato, che è già preparato, che ha incorporato tecniche e discipline è un corpo già viziato, che non dà più stimoli creativi, e quindi c'è stata una fase d'azzeramento, che adesso non basta più, che stiamo superando. Abbiamo avuto la fase del Teatrodanza con Pina Bausch, che è stata torrenziale, geniale ma devastante, perché tutti i pessimi imitatori di Pina Bausch ci hanno ammorbato la vita per un ventennio. Ho l'impressione che nella generazione che attualmente studia danza ci sia di nuovo la necessità di preparare il corpo con le tecniche, con un bagaglio solido, salvo poi fare dell'altro. Forse non basta più l'idea del "meglio scegliere un cast di persone che non hanno mai danzato". È stata solo una fase di stanchezza. Si ricomincia sempre nella danza.

Essendo l'arte della danza una traccia di quel che accade nella società, quali sono le nuove visioni, le speranze dell'uomo del terzo millennio?

Bisogna sempre guardare più in là del proprio naso; è successo che questa "non danza", questo tremendo autobiografismo del Teatrodanza, per cui si raccontano tutti i malesseri (e alla fine non è che siano così interessanti a meno che non si abbia la capacità di farne un oggetto d'arte, come Bausch appunto), in Occidente ha portato al culmine della stanchezza; forse siamo in via di superamento…
Se guardiamo la Cina, possiamo d'altra parte notare come in un tempo rapidissimo si siano formate compagnie di danza moderna cinese, che hanno fatto anche loro il "Sacre du Printemps", ci sono compagnie classiche cinesi che hanno preso il repertorio Maurice Béjart e quello di Roland Petit rapidissimamente. A Taiwan c'è una facoltà di danza strepitosa, dove oltre all'acrobazia cinese, eccelsa, si studiano le tecniche occidentali e si mettono in scena ogni anno delle opere importanti, ad esempio "Il tavolo verde" di Kurt Jooss. E un diplomato è già stato accolto da Jiri Kylián nel Nederlands Dans Theater olandese. Quindi quello che succede qui è solo un pezzo di quel che succede, poi succedono tante altre cose da qualche altra parte del mondo… Bisogna avere lo sguardo aperto. Nel dopoguerra sono venuti fuori Pina Bausch da una parte, maestra di Tanztheater e William Forsythe dall'altra, maestro di balletto postclassico.
Poi la società occidentale ha incominciato ad avere seri problemi d'identità, di mezzi, di percezione di sé, di sviluppo, e le conseguenze sono evidenti. Mentre altrove, in società che stanno avanzando,

si vede la fame d'impadronirsi di nuovi strumenti,

il desiderio di fare, di mescolare; per esempio Shen Wei, emigrato a New York, che torna in Cina e realizza un lavoro con i suoi danzatori contemporanei e con i danzatori classici dell'Opera Cinese. Bisogna cercare di vedere un panorama grande per farsi un'idea. La peculiarità dell'uomo è di risorgere sempre, attraversa momenti orribili e poi ha bisogno dell'arte proprio per superarli.

Il lavoro coreografico e artistico di Saburo Teshigawara, giapponese a Berlino, Shen Wei, cinese in USA, Akram Khan, bengalese a Londra, Sidi Larbi Cherkaoui, marocchino in Belgio, è già significativo. Pensa che nelle loro figure si condensi e si apra un nuovo futuro?

Sono forse i primi capaci di produrre, con successo, spettacoli che mescolano più culture possedendole davvero, con una effettiva riuscita artistica. Nel senso che hanno una cultura originaria, della loro famiglia, della loro provenienza geografica, ma sono padroni anche della nostra, di quella occidentale, perché hanno studiato a fondo anche questa. Sono i primi esempi, i capofila di qualcosa che si è mosso davvero, che si è spostato. Béjart, quando ha fatto "Bhakti", ha creato una finta danza indiana, esotistica, solo una suggestione. Oggi Akram Khan crea qualcosa di autentico. C'è questo passaggio di autenticità importante e che si vede concretamente, proprio perché la consapevolezza che non ci sia più un altrove, ma che ogni altrove sia anche qui dove ci troviamo, ha molto cambiato il modo, l'approccio e la curiosità di incorporare cose diverse.

Oggi i media fanno vedere il corpo in modo molto superficiale e apparentemente perfetto, non pensa che per i giovani sia difficile avere un senso di profondità del corpo?
Questa è la domanda più difficile di tutte. Esistono degli standard estetici in ogni cultura, esiste naturalmente nella cultura occidentale uno standard estetico che è anche guidato da fattori commerciali. In ogni caso, mi preoccuperei di più del ruolo della donna in generale e della donna artista nella società. La donna artista, nella società occidentale, deve necessariamente farsi carico di un ruolo. La coreografa per esempio, o la pittrice e la scrittrice hanno un ruolo che non è comodo, perché prima di tutto, se si è artista, viene il lavoro artistico, dopo viene il "servaggio" al marito e la maternità. Se si è artisti, l'arte è al primo posto. E questo è ancora un problema, perché si va contro non solo alla tradizione ma alle vocazioni biologiche.
Sulla questione estetica, invece, bisogna fare delle distinzioni. Se si parla di balletto classico, c'è un canone estetico che deve essere rispettato. Nella danza contemporanea, invece, gli standard sono molto meno stretti, basti guardare i cast ancora di Pina Bausch. Cunningham non avrebbe mai preso una ballerina obesa, lo ha fatto invece l'afroamericano Bill T. Jones.
Questa tendenza a badare completamente alla buccia viene dalla separazione del corpo dalla mente, tipica dell'Occidente e perpetuata nei secoli dalla Chiesa cattolica, per cui il corpo è la "res extensa", cattiva, e va tenuto a bada, e poi c'è l'anima, che è la "res cogitans", buona, e quella va bene. Ogni donna può avere un suo modo di essere donna, nella nostra società: tutto sommato qui è possibile. È un grande lavoro, proprio perché siamo libere e la condizione di libertà è più difficile da gestire di quella di costrizione.

Non pensa che, nella città di Milano, manchi una casa della danza, un luogo d'incontro vero e fertile?
Sarebbe fondamentale che ci fosse La Casa della Danza, ma ci vorrebbero i soldi, le condizioni e la volontà. Per ora non vedo dei segni ufficiali in questo senso.
A Torino c'è un centro coreografico, una Casa della Danza, la Lavanderia a Vapore di Collegno, ma non è molto grande e fa una fatica enorme perché mancano sempre i mezzi, però esiste.
L'Italia è rimasta indietro agli anni Ottanta. In quegli anni venne fuori la nuova danza italiana, in parallelo alla nouvelle danse francese, ed era quello il momento giusto per realizzarla.

La danza e la tecnologia oggi possono dialogare e dare frutti senza perdere l'anima vera della danza?
I bei frutti ci sono, basta l'esempio di Merce Cunningham con "Biped", con i danzatori virtuali. Al MAS, nel 2012, abbiamo avuto un incontro per gli studenti con Classica TV, che ha fatto delle riprese dove ci sono anche i nostri ragazzi e alcuni professori della Bicocca che stanno lavorando alla coreografia in rapporto con le tecnologie digitali.
Se poi pensiamo all'apparato tecnico usato negli spettacoli, fino a qualche hanno fa solo un terzo del budget andava alla tecnica; adesso se ne destina circa la metà; non si tratta di moda o di manie, sono mutate esigenze di luci e sonoro.

Intervista a cura di Nuria Sala

BUTOH, sperimentare altre forme di esistenza

di Nuria Sala

"Danza la palude, il fango, l'acqua e le ninfee che ondeggiano nell'acqua, gli odori, l'oscurità. Uccelli stanno per volare fuori dalle vostre tempie. Foglie morte cominciano a cadere dentro la tua testa, Il tuo corpo si abbassa un poco, cerchi di camminare ma la porta verso la piccola stanza nel tuo petto è chiusa a chiave. Nell'aria appare una barba…

Io penso che una buona danza o un buon pezzo di Butoh è quando il danzatore viene mosso dallo spazio circostante. Si vuota il corpo, vi si fa confluire lo spazio e si prova a conviverci. E non sono io a ballare, è lo spazio a muovermi."

Kazuo Ohno

Danzare ai confini dell'illogico

Erano gli anni Ottanta quando vidi per la prima volta la danza Butoh, Carlotta Ikeda danzava in teatro a Lione. La performance fu rivelatrice, la sua trasformazione lenta e continua produsse in me stupore, attrazione e repulsione; **una bellezza fuori da qualunque canone**. Il suo continuo mutare in scena, passando attraverso svariati stati d'animo, quasi senza compiere dei movimenti, mi commosse profondamente. Tutto era spoglio, scarno, ma mi sembrava nello stesso tempo di una ricchezza stupefacente; accadevano un'infinità di micro-eventi.
L'impatto emotivo fu sorprendente.
Carlotta Ikeda è stata spesso paragonata a Martha Graham ed è definita "**la Graham del Butoh**".

Poco dopo vidi la performance della Compagnia Sankai Juku, nel Centro Georges Pompidou di Parigi; i danzatori erano sospesi nel vuoto e scendevano molto lentamente, il loro corpo era nudo e dipinto di bianco, con il colore rosso nelle orecchie e nella bocca. **Erano dei corpi-non corpi**,

TRA CORPO E NATURA, TRA CALMA E VIOLENZA...

erano dei corpi bellissimi, erano corpi animali e divini allo stesso tempo.
La loro danza contrastava con tutto quello che fino ad allora avevo visto e inteso come danza. Era una danza interiore, anteriore, poetica, misteriosa, dolorosa. Una relazione profonda tra corpo e natura, tra calma e violenza.

Ushio Amagatsu, coreografo e danzatore della compagnia Sankai Juku definiva la danza Butoh soprattutto per "ciò che non è". "Non ha niente a che vedere con la danza occidentale, che vuole creare delle forme e utilizza le tensioni; al contrario, **qui si parte dal rilassamento, dal corpo svuotato**. Il Butoh non è una tecnica, ma un metodo per risalire attraverso il corpo alle origini dell'esistenza e per rispondere alla domanda 'chi siamo?'. Il corpo stesso del danzatore è l'oggetto principale della ricerca e del lavoro quotidiano. Si vuole andare oltre l'Io, collegarsi con l'universo; attuare delle trasformazioni, sperimentare con il proprio corpo altre forme di esistenza."

Per il danzatore Mitsutaka Ishii, danzare significa esprimere i propri mondi interiori, capire cosa c'è dentro, esaminarci col cuore; c'è un regno del cuore fatto di tutte le cose che abbiamo imparato o vissuto e non bisogna invaderlo ma lasciarlo intatto.

"Ho danzato nei confini dell'illogico. Attimo. L'attimo. Non tutti anche uno solo. L'eternità sceglie l'attimo. C'è il sole, c'è la luna e quando si fanno incontrare è una profonda commozione. Il tempo dell'eternità dentro l'attimo. Se non si possiede il tempo dell'eternità, allora tutto diviene impossibile."

Il danzatore-attore di Butoh più sublime è stato Kazuo Ohno, i suoi gesti e le sue parole erano poesia e hanno illuminato la danza di molti. Con la sua danza "Admiring La Argentina" nel '77, all'età di 70 anni, arriva in Europa e consegue un clamoroso successo, ottenendo la fama mondiale. "La Argentina" era la danzatrice spagnola Antonia Merce, la sua musa, la sua fonte d'ispirazione, un amore eterno; questa danza sarà un omaggio di ammirazione e amore per lei e per la sua danza che l'aveva talmente commosso da cambiargli la vita.

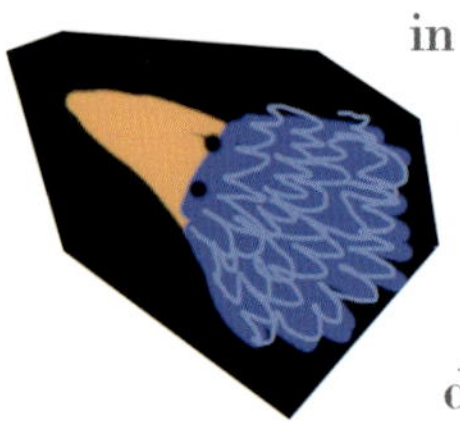

Anima è la parola chiave del suo danzare, la sua profonda intenzione era di trasformare il corpo in un fluido luminoso e consegnarlo all'ispirazione dell'anima. "La danza deve rivelare la forma dell'anima. Per fare questo **il danzatore deve oltrepassare il confine della volontà** ed entrare nel regno di un'originaria memoria del corpo. Se non ci fosse l'introspezione, non si potrebbe danzare. "Il peso, l'altezza delle nuvole": dove c'è il pensiero d'essere cielo e nuvole lì c'è introspezione, senza non è possibile danzare. L'impossibile diventa possibile attraverso il desiderio. L'anima vola: Io voglio volare sul palcoscenico. L'anima arriva sempre per prima e il corpo la segue in un secondo tempo, non c'è alcun dubbio su questo. Questa danza è emanazione della coscienza universale, è coscienza universale, è Dio."

"La danza dell'anima" diceva Ohno "porta l'ombra dell'universo sulle spalle. Per sentire l'universo dentro di sé bisogna restituire la ragione al corpo, la voce segreta del corpo. Nel cuore abitano degli esseri, segretamente, senza che noi ce ne accorgiamo. È la coscienza dell'universo, che ci ha assegnato la vita. Dentro di noi nascono molti uomini. L'anima si allarga. E credo che succeda anche nella vita quotidiana: impossibile non riuscirci."

Per Ohno, la cosa più importante non è capire la verità ma viverla: "La verità è **l'esistenza reale, che è sperimentata attraverso tutto il corpo**". L'incontro con Tatsumi Hijikata sarà fondamentale per Kazuo Ohno ed entrambi saranno considerati i fondatori del Butoh.

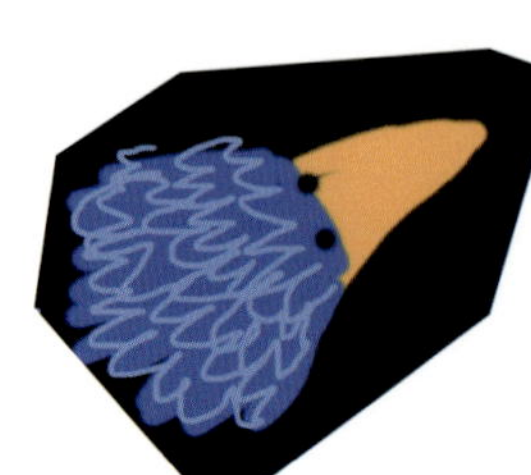

IN UN FLUIDO LUMINOSO

Con la performance "Kinjiki" di Hijikata, nel 1959 si dà inizio a questo nuovo genere d'arte giapponese dove **si fondono danza, teatro e improvvisazione**.
L'interiorizzazione e l'integrazione di materiali diversi: dipinti, sculture, suoni, scritti, fanno parte del processo di creazione. Una filosofia, un lavoro nel corpo con il corpo, che tende a fondere **l'essere e la sua danza nel medesimo istante**. "Usare gli occhi come lo sguardo dei morti, che vedono tutto e non vedono niente." Un corpo organico, inteso come materia e memoria, dal quale affiorano immagini provenienti dal subconscio, dal vissuto; guidati dalla lentezza dei movimenti e dei gesti per raggiungere gli stati più profondi del corpo, portando e generando presenza. I "paesaggi interiori" dell'essere, così li chiama Hijikata.

NS

"La vera danza non è quello che vediamo fare al corpo, la vera danza è quello che accade dentro il corpo del ballerino."

"Il Tango è l'espressione diretta di qualcosa che il poeta ha spesso cercato di esprimere con le parole: la convinzione che una lotta può divenire una celebrazione."

Jorge Luis Borges

La poesia del TANGO

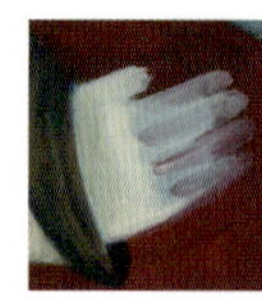

Il Tango è prima di tutto poesia. Sono **le milonghe, i ritornelli, le filastrocche** cantate inizialmente senza strumenti all'origine di quest'arte che unisce e **fonde poesia, musica, canto, danza;** diverse discipline in una fusione davvero unica e indivisibile, pena la perdita di senso, come tengono a sottolineare i moltissimi amatori. Il Tango nasce a Buenos Aires, nella prima metà dell'Ottocento,

TAN-GO RIPRODUCE IL SUONO

in quei sobborghi della capitale argentina in cui vivevano le popolazioni più povere, emigrati e *criollos* (creoli, gli emigrati di seconda generazione); **una vasta periferia, detta l'*arrabal*,** dove gli emigrati italiani, francesi, slavi, ebrei e africani parlavano il *lunfardo*, **la lingua degli emarginati**. Un dialetto che nasce dalla mescolanza di lingue di derivazione africana, latina e slava e in cui si riconoscono influenze provenienti soprattutto dall'italiano e dal francese. Del resto, all'inizio del Novecento quasi il 50% degli immigrati in Argentina era di origine italiana. Dunque se l'*arrabal* è il luogo, il *lunfardo* **divenne la lingua del Tango**.

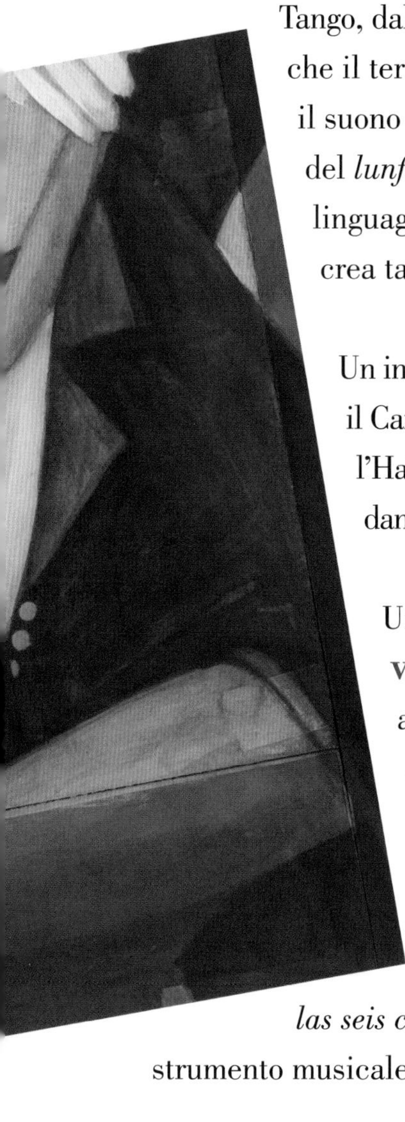

Tango, dal latino tangere, toccare, ma non solo: come rileva Laura Cervesato, si pensa che il termine derivi da una parola onomatopeica africana, tan-go che riproduce il suono delle percussioni, ma esiste un'altra origine che sta proprio nella lingua del *lunfardo*: i prigionieri per non farsi capire dalle guardie inventarono un loro linguaggio basato sullo scambio delle sillabe all'interno delle parole: da gotan si crea tango...

Un intreccio di lingue e di culture, una prodigiosa mescolanza di generi musicali: il Candomblè degli afroamericani, la Milonga dei gauchos delle pampas e poi l'Habanera del popolo di Cuba, un genere di musica e ballo derivato forse da antiche danze inglesi poi diffuse in Spagna e portate oltreoceano.

Una cultura in movimento che **abbraccia le diversità e unisce le voci delle classi disagiate**, dei lavoratori, degli emarginati; e che poi arriva a conquistare le sale europee: con l'avanzare del Novecento il tango cessa, infatti, di essere solo una danza popolare e diventa prima un genere musicale per poi tradursi in danza, in spettacolo.
I versi di **Evaristo Carriego e Jorge Luis Borges** saranno la voce del tango, la voce di quella cultura di strada, dei combattimenti con i coltelli e delle forti passioni. Nel 1965 Borges compone *Poemas para las seis cordas*, una raccolta interamente ispirata al tango e che fa riferimento allo strumento musicale più utilizzato, la chitarra.

"Quella raffica, il tango, quella diavoleria, gli anni affannati sfida;
fatto di polvere e tempo, l'uomo dura meno della leggera melodia, che solo è tempo.
Il tango crea un buio passato irreale che in qualche modo è certo,
un ricordo che non può esser distrutto lottando, in un cantone del suburbio."

Jorge Luis Borges

L'abbraccio

di Nuria Sala

"Il segreto del tango sta in quell'istante d'improvvisazione, che si crea tra passo e passo. Rendere possibile una cosa impossibile: ballare il silenzio."

Carlos Gavito

Danzano insieme nello spazio, in un intenso abbraccio asimmetrico; mentre i piedi veloci e precisi s'inseguono, si rincorrono, s'intrecciano. Sensuale ed elegante la danza scivola, si spande con rigore, avvolta in una seduzione che si **disegna malinconica e dolce, struggente e divertente**. Per qualche minuto i due danzatori in silenzio creano un mondo. Girano costruendo un nuovo asse che il loro corpo genera, in questo incontro ritmato si regalano sospensioni di tempo.

Le ginocchia si flettono e i talloni si staccano da terra, i movimenti delle gambe, e del corpo intero, diventano felpati. I piedi tastano il terreno alla ricerca continua di un appoggio saldo. Il ballerino flette e torce il suo busto con facilità e rapidità, realizzando quei movimenti che identificano inequivocabilmente il tango: l'eleganza della camminata; "las sacadas" occupare lo spazio dell'altro; "las barridas" spostare il piede dell'altro con un movimento fluido, senza perdere il contatto; **repentine interruzioni e variazioni di direzione**, di movimento "cortes"; dissociazioni e contro-torsioni del torace rispetto al bacino "quebradas".

ci siamo completamente confessati

"Il tango è un ibrido, un'espressione nuova
e originale, nata da una mobilitazione umana,
gigantesca ed eccezionale."

Ernesto Sabato

La passione dei tangheri

Oggi più che mai il tango è danzato ovunque nel mondo, i "tangheri" sono appassionati e instancabili danzatori. Gruppi assidui s'incontrano per danzare, anche con appuntamenti insoliti dell'ultimo momento in luoghi pubblici della città, in angoli inaspettati. La **tecnica della danza si è molto sviluppata e trasformata**, ci sono livelli altissimi di esecuzione, è stata introdotta molta innovazione e varietà nelle composizioni coreografiche. Dal tango più classico, al tango quasi acrobatico, troviamo ricchezza e molteplicità del genere.

Alcuni buffi soprannomi dei danzatori che hanno fatto la storia degli inizi: Vitulo, Tano Ponce, Cotongo, el Flaco Saúl, el Cívico, el Moscovita, la Negra Maria, el Vasco Casimiro, la Lora, el Escoberito, el Pibe David, la Flaca Rosa, el Tuerto, el Flaco Enrique Costa, el Gallito, la Parda Corina, el Ingles, Maria la Vasca, el Cachafaz, el Pardo Santillán, el Nene del Abasto, el Tarila...

Fra i cantanti vanno ricordati Carlos Gardel e Roberto Goyeneche, considerato il più grande cantante di tango. Tra gli specialisti di bandoneon il leggendario Juan D'Arienzo, Anibal Troilo, Daniel Cabrera, Osvaldo Pugliese, e tra i musicisti che hanno reso grande questo strumento, il geniale compositore Astor Piazzolla e poi Dino Saluzzi definito il più grande maestro di bandoneon. Astor Piazzolla **introdusse nel tango armonie dissonanti** e basi ritmiche intense e nervose che produssero una trasformazione radicale del genere.

NS

DUZIONE DOLCE E STRUGGENTE

INCONTRO CON **Marinella Guatterini**

Docente di Teoria ed Estetica della danza e responsabile del Corso di Teatrodanza presso la Scuola Paolo Grassi di Milano, è autrice di numerose pubblicazioni, tra cui una collana in tre volumi sulla danza e la musica neoclassiche del XX secolo, edita da Mondadori Arte (*Stravinskji, Apollo e Pulcinella*, 1990; *Nijinska, I Sei e Satie*, 1991; *Milloss, Busoni e Scelsi*, 1992). Nel 2008, dopo *L'ABC del balletto*, ha pubblicato sempre per Mondadori *L'ABC della danza. La storia, le tecniche, i grandi coreografi della scena moderna e contemporanea.*

Il suo lavoro di riportare, ritrovare artisti e lavori coreografici che hanno segnato la danza della fine del Novecento come il progetto RIC.CI (Reconstruction Italian Contemporary Choreography), è una necessità oggi per non dimenticare, per allargare, per capire la nostra visione, la realtà della danza odierna.

Esattamente, ho avuto bisogno di rivolgermi a strutture, teatri, circuiti italiani che producono danza e ho trovato persone che conoscevo da tempo; nel 2011 abbiamo messo a fuoco questa possibilità: ricostruire sette coreografie che hanno segnato a mio avviso la storia della danza contemporanea italiana. Abbiamo già debuttato con la coreografia duetto di Virgilio Sieni e Alessandro Certini, ripresa con due ragazzi giovani della Fattoria Vittadini, una compagnia neonata si può dire, diplomata nel 2008 nella Scuola d'Arte Drammatica Paolo Grassi e al corso di Teatrodanza. Questi ragazzi sono stati scelti dai coreografi e con loro hanno lavorato diversi mesi per riprendere questo fantastico duetto che ha un sottotitolo: "La trasmigrazione degli ultimi sciamani", e riprende anche la Bhagavad Gita e le narrazioni sacre dell'India. È un lavoro del 1989 che ha una tessitura coreografica estremamente difficile su varie musiche di Stravinskij: oltretutto prendeva spunto nell'89 dall'Arte Povera e la prima uscita di questo lavoro, a Torino Danza nell'ottobre del 2011, è stata molto fortunata perché in concomitanza uscivano una serie di riflessioni e di articoli dedicati all'Arte Povera. Questo lavoro è calato in un momento in cui in tutta Italia sono ancora oggi attive delle mostre sull'Arte Povera.

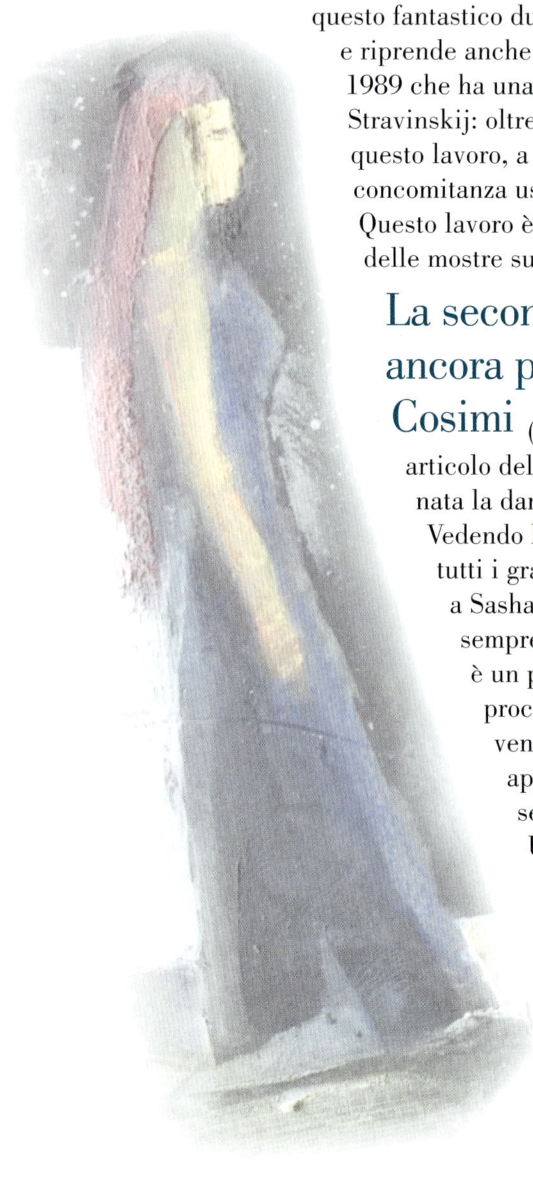

La seconda produzione s'intitola "Calore", è un lavoro ancora più vecchio, del 1982, è stato firmato da Enzo Cosimi (Franco Cordelli, critico di teatro del ***Corriere della Sera***, in un suo articolo del 2012 dedicato ai lavori di Enzo Cosimi ha scritto: "Con 'Calore' è nata la danza Contemporanea Italiana"). Il progetto andrà avanti fino al 2015. Vedendo le esperienze artistiche in Europa e oltre oceano, mi sono accorta che tutti i grandi coreografi, da Trisha Brown, a Anne Teresa De Keersmaeker, a Sasha Waltz, per non parlare di Susanne Linke, e di Pina Bausch hanno sempre tenuto vivo il repertorio. L'ultimo trend nella danza contemporanea è un po' quello di ritornare alle origini, ritrovare le proprie radici per poi procedere in altre direzioni. Molto spesso in Europa questi lavori che vengono ripresi sono consegnati, insegnati ai più giovani, in modo che si approprino di un linguaggio, di una modalità d'essere, di una danza che sembra molto lontana, ma lontana non è...

Uno dei problemi della danza italiana è appunto di non avere una sua memoria, sembra che adesso tutti puntino ossessivamente sui giovani, ma chi guida questi giovani per diventare coreografi?

Ci vuole una formazione che poi indirizzi veramente al lavoro coreografico. La possibilità di dare continuità produttiva a questi giovani che debuttano esiste: "Mettiamo in moto la memoria" va in questa direzione, vuole cercare di creare una serie di coreografie possibilmente poi esportabili all'estero. Siamo meno capaci di altri di darci un'organizzazione che diffonda e faccia conoscere i nostri lavori. Del resto, i coreografi più capaci e anche quelli che hanno dimostrato di durare nel tempo vanno spesso all'estero, sono sempre più chiamati all'estero e hanno un bel successo.
Occorre capire che gli artisti della danza hanno una storia, e questa storia è nata soprattutto tra gli anni Settanta e gli anni Ottanta, ha prodotto molte cose che hanno segnato il nostro linguaggio, coreografie che hanno imprinting italiano, **c'è il made in Italy nella moda, ma c'è anche un made in Italy nelle coreografie.**

Noi non siamo né tedeschi, né francesi, né belgi, né inglesi, né polacchi, abbiamo un sentore mediterraneo e anche prettamente italiano, che è di grande valore, a fronte di una sottovalutazione costante delle istituzioni dello Stato, una sottovalutazione culturale della danza che è sempre stata considerata un'arte decorativa per belle signorine che si mettono in mostra. In realtà scopriamo, dati alla mano, che è l'arte in questo momento più seguita di tutte. Come mai il balletto, persino quello sulle punte, è frequentato da giovani? Perchè i teatri di danza sono pieni, la gente richiede spettacoli di danza, il pubblico della danza è sempre più giovane? Che cosa succede? Succede che il corpo ci rappresenta in questo momento, più di qualsiasi altro genere performativo, un esempio: il film "The Artist" che è muto e finisce danzando.

La scienza oggi ci mette di fronte alla stretta relazione tra corpo e mente: l'obsoleta dicotomia che abbiamo vissuto per secoli si può dare per finita? Nella danza più che in ogni altra arte possiamo dire che siamo in un momento di apertura e mutazione?

Certo, siamo in un momento di apertura e mutazione perché ovviamente anche la tecnologia è entrata nella creazione coreografica; nella danza ci sono esempi che risalgono alla seconda metà del Novecento: Merce Cunningham, che è sempre stato uno dei pionieri della tecnologia, ha portato nella danza l'uso del video, l'utilizzo dei computer per fare coreografie, ha lavorato con la realtà virtuale per creare questa magnificenza che

sottovalutazione culturale della danza

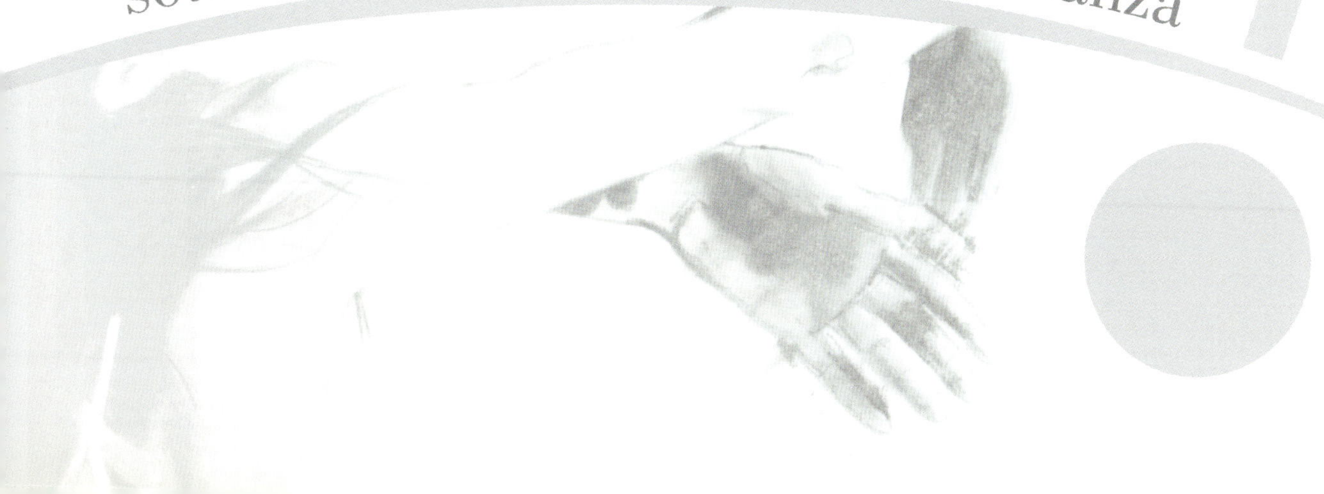

... il più possibile un corpo vuoto

è stato "Biped" del 1999. Ha dato il via a una ricerca sull'arte virtuale applicata alla danza che è molto interessante e che continua: oggi, infatti, ci sono tanti artisti che si occupano della danza, del corpo, di tecnologie a vari livelli e in varie direzioni in tutto il mondo.

Pensa che la teoria dei neuroni a specchio possa nel futuro avere un ruolo importante nell'aspetto pedagogico della danza?

Penso proprio di sì, anche perché questa è una scoperta chiave nella danza. La danza non può essere considerata un'arte comunicativa, e quella contemporanea non è comunicativa proprio per nulla. È chiaro che questa scoperta finalmente prova che esiste un livello inconscio, sotterraneo, d'ombra, che riesce a farci essere espressivi e creativi. Poi la cosa bella è che questo livello pre-comunicativo è il livello più importante della danza contemporanea, perché consente al pubblico di essere parte attiva nel movimento e nella fruizione di un lavoro; ogni spettatore può interpretare ciò che vede in modo diverso; è chiaro che questa scoperta, per noi che ci occupiamo di danza, è rivelatrice.

L'anatomia esperienziale è un modo di pensare il corpo per cui il sapere e lo studio diventano un'immediata esperienza personale. Non crede che oggi questa materia sia da considerare fondamentale nella formazione del danzatore?

In questa scuola abbiamo appunto un esperto di anatomia. Certamente l'anatomia in sé è una materia fondamentale, e le scuole che non la prevedono nel programma d'insegnamento dovrebbero introdurla al più presto, altrimenti sottraggono una conoscenza indispensabile ai loro danzatori. Occorre conoscere l'anatomia del corpo, tutti i suoi muscoli, tutte le sue parti nascoste...
Poi bisogna possedere una varietà di strumenti, come il metodo Feldenkrais, il Pilates, che vanno ad agire sui blocchi d'energia:

il corpo è una macchina sofisticatissima, ma va adoperata con cura,

è molto facile farsi male, così come è possibile che s'incontrino, nel corso del lavoro, blocchi psicofisici, in quanto corpo e mente non sono slegati.
Tutto il lavoro che svolgiamo nella nostra scuola porta attenzione su questi aspetti. Chi pensa che il danzatore abbia una vita facile sbaglia, spesso il corpo lavora contro il danzatore; spesso sorgono ostacoli dovuti a una abitudine pregressa ad atteggiare il corpo in un certo modo, e bisogna prenderne coscienza...
Nella danza contemporanea il corpo deve essere il più possibile un "corpo vuoto", un corpo libero da questi meccanismi impeditivi, che ostacolano il suo movimento fluido.
Il corpo è straordinariamente misterioso, un magnifico mistero che la volontà non basta a plasmare; certo il duro lavoro serve, la volontà, la tenacia sono indispensabili, però occorre fare un lavoro dentro se stessi, con se stessi. Non si tratta di novità, basta ritornare al teorico d'inizio secolo Rudolf Laban per capire questo processo, o anche a Isadora Duncan; tornare ai pionieri della modernità per capire come questo processo sia anche un processo interiore, un'epurazione interiore.

Nella nostra cultura manca quella visione d'insieme, quella profondità che si respirava nelle culture delle grandi civiltà del passato?

Non credo che possiamo paragonarci a queste civiltà perché la nostra cultura non si basa più su credenze e miti universali; non possiamo paragonarci a questi antenati lontani, assolutamente, la nostra è una civiltà tecnologica, è una civiltà estremamente diversa, quindi qualsiasi paragone secondo me sarebbe azzardato e fuori luogo. Detto questo io non credo che non esista profondità, capacità di esprimere o manifestare sentimenti anche molto intensi e intimi attraverso l'arte del corpo. E credo che molta ricerca in questo senso abbia il successo che ha e attiri il pubblico che sta attirando proprio perché, in fondo, il corpo, il lavoro sul corpo, l'espressione del corpo costituiscono l'ultimo baluardo in una società che sembra molto meccanica. Il lavoro sul corpo è duro, paziente, necessita di tutta una serie di supporti e di conoscenze e anche di un cammino particolare fatto dentro noi stessi.

Trovo quindi molto bello che questo lavoro sul corpo venga riconosciuto dal pubblico.

Perché assistiamo a questo successo del contemporaneo della danza? Della performatività che ha a che fare con il corpo? Perché molto teatro, ormai, si dirige verso il movimento, verso la comunicazione del corpo? Il pubblico riconosce valore e importanza a queste scelte.
Ogni epoca ha le sue zone di profondità, d'intensità, di riflessioni profondissime, insieme a zone di superficialità, di menefreghismo, di scarsa educazione ai sentimenti umani.
Certo, quelle antiche civiltà ci ricordano come il corpo e la danza fossero centrali. Oggi non è così, però, in fondo, ci sono altre manifestazioni che hanno una funzione liberatoria per un corpo che è spesso contratto e inibito dalle gabbie tecnologiche. Quante persone vediamo dipendere dalle macchine; ma l'essere umano non deve essere ingabbiato, ha bisogno di contatti veri, di pelle, con gli altri esseri.

Intervista a cura di Nuria Sala

spazio tempo immobilità

"Ho sempre pensato che bisognasse mettere in dubbio tutto, in tutte le direzioni possibili. Non so se ci sono riuscito, ma sentivo che era necessario pensare simultaneamente le questioni che riguardavano il movimento, lo spazio, il tempo, la musica, le arti visive, per permettere nello stesso tempo che ogni elemento fosse più interdipendente e forte."

Merce Cunningham

Tutta la ricerca di Merce Cunningham ruota intorno alla relazione spazio-tempo: ripensare la danza come movimento puro, come sola dimensione plastica, esplorare le infinite possibilità del corpo nello spazio e la sua relazione con la scena. Cunningham intende liberare la danza da ogni pretesa di narrazione, di comunicazione, da qualsiasi finalità diversa dal movimento stesso. Musica e danza si scindono, si dissociano in una sorta di mutua e autonoma relazione.

movimento antiemozio

la danza non racconta, accade

L'intensa collaborazione con John Cage porta a compimento questa sperimentazione introducendo un altro elemento fondamentale che è l'aleatorietà: affascinati entrambi dall'antico testo cinese de *I Ching* (Libro delle mutazioni, in cui la lettura del futuro avviene per mezzo del lancio delle monete), sperimentano lo stesso procedimento nelle loro composizioni. Così, tramite un'estrazione, si stabilisce in quale ordine debbano essere eseguite le varie sequenze di danza composte in precedenza. Su questa base nasce prima *Season* (1947), poi *Sixteen Dances for Soloist and Company of Tree* (1951).

Cunningham, in anticipo sui tempi, comprende la possibilità offerta dalla tecnologia nel processo di creazione coreografica. Innovatore, anche dal punto di vista scenico, ha introdotto sulla scena nuovi strumenti, sperimentandone le varie duttilità: materiali in movimento, strutture fisse o mobili, diapositive, spezzoni di filmati.

il corpo, luogo della creazione

le indipendenza di suono

Ritorno al punto zero

di Nuria Sala

La sua tecnica era nata anche come "ritorno al punto zero", dopo aver ripensato al senso, ai principi e al metodo; ora abbiamo un orizzonte più chiaro, più puro, nel quale tutti noi creatori, musicisti e coreografi possiamo respirare con maggiore impeto e maggiore libertà. Questo certamente è molto positivo sia per la danza che per la musica e lo dobbiamo a Merce Cunningham.
Diceva Cunningham che la danza è come l'acqua, capace di piegare molte cose. "Tutti sappiamo che cosa è l'acqua e cosa è la danza, ma la loro fluidità le fa essere inafferrabili. Non mi riferisco alla qualità della danza ma alla sua propria natura."

Ricordo la visita al suo studio vicino al fiume Hudson, a New York, e la grande luce che si versava dalle immense vetrate in quello studio storico dove "tanto" è avvenuto.
Il mio incontro con la tecnica di Cunningham avvenne a Lione nello studio di Kilina Cremona e Roger Meguin; erano tornati in Francia dopo dieci anni di studio e lavoro con la compagnia di Merce. Anche il loro studio a Lione era vicino al fiume Saona e ricordo come ogni giorno attraversavo con emozione il ponte prima di andare alle lezioni; la danza e l'acqua. L'atmosfera di silenzio e di ascolto del corpo, il rigore e la serietà erano intensi. Tutti i danzatori erano a piedi nudi, con le tute aderenti, il corpo e le sue linee in dialogo con lo spazio dello studio. Le lezioni si svolgevano nel silenzio, la complessa sbarra tecnica alla verticale, le variazioni, il conteggio preciso del tempo; i numeri erano parte della danza assieme a noi.

Il corpo e lo spazio in un dialogo appassionato, le diagonali e le traversate veloci in una ricerca continua di slancio e di equilibri complessi, la presenza e la dinamica delle linee erano la cosa che mi colpiva di più. Parallelamente si studiavano le tecniche di sbarra a terra, l'antiginnastica di Therese Bertherat, l'ascolto e l'esecuzione dei micromovimenti; nella profondità della materia del corpo. Cambiare il corpo, la postura, significava cambiare se stessi; facile a dirsi, molto difficile da accettare e da fare.

nale - movimento puro

L'approccio e la cura dell'alimentazione macrobiotica e vegetariana, il silenzio e l'interiorità che si vive quando si sta insieme con tanti danzatori, nella presenza, nello stato del corpo, nella trasformazione del corpo, e tutto quello che ne comporta.
La verticalità intensa e lo spazio che esplodeva in tutte le sue direzioni. Nessuna espressione del volto, tutto era molto serio, troppo serio per me.
Merce sosteneva che non era necessario aggiungere emozioni e racconti, la danza, il corpo, parlano da sé; il movimento stesso è espressione, le emozioni si trovano nel danzare. Occorreva azzerare, rivedere i concetti della danza, e dunque separare la musica dalla danza, esplorare il corpo in un modo nuovo (lo spazio e le teorie della relatività di Albert Einstein stavano molto a cuore a Merce).
Dopo Martha Graham e tutta l'esplorazione dei miti greci, delle emozioni, del "contraction-release", Merce cercava altro, una trasparenza espressa nella danza pura senza racconto.

NS

espressione senza intenzione

PINA BAUSCH
Attraversare la realtà

"La questione non è fare uno spettacolo più o meno gioioso,
è riuscire ad attraversare la realtà

Con la danza potevo esprimere tutte le emozioni che non sapevo dire a parole."

Pina Bausch

"Ciò che muove gli esseri umani, non tanto il modo in cui si muovono.": questa dichiarazione può caratterizzare sin dall'inizio l'attività di Pina Bausch, il rischio e il fascino del suo lavoro teatrale. Da Blaubart: decise di stimolare delle improvvisazioni da parte nostra, ci poneva solo delle domande a cui dovevamo rispondere improvvisando. Noi ballerini, all'inizio, non ne capivamo bene il senso. C'era chi si lamentava, molti si chiudevano: perché perdere ore restando tutti seduti a parlare?"

Dominique Mercy, ballerino del Wuppertal

Una nuova percezione del corpo

di Nuria Sala

Il dubbio crea la forma

Paul Valéry

E arrivò Pina Bausch, e ci toccò dentro. Le sue coreografie così vicine ai nostri gesti quotidiani mettevano a nudo il senso della corporeità; **i nostri tabù erano danzati sulla scena**, e in quello spazio che si apriva davanti a noi anche la nostra corporeità si apriva. La memoria si srotolava, mostrandoci costumi e stereotipi profondi e nascosti, offrendoci una liberazione dei nostri comportamenti e dei loro significati profondi. Era un sussulto vedere finalmente il corpo dell'altro in risonanza con il nostro.

Mi ricordo di *Nelken* al Festival di Avignone, la scena era coperta di garofani rosa, tanta nuda bellezza ci faceva sentire confusi tutto a un tratto. Il danzatore Dominique Mercy danzava meravigliosamente tra i garofani con il suo vestito nero, tanti eventi accadevano e venivano danzati contemporaneamente, bellissimi i brevi racconti con i soli gesti delle mani.

drammaturgia del movimento
teatro danza
il linguaggio della vita
trasparenza delle emozioni
percezione trasgressiva del corpo

"Café Muller": un'altra sorpresa! La scena era fitta di sedie, l'opera di Henry Purcell ispirava la lentezza e la sospensione del corpo, la stravaganza e il torpore dei danzatori erano misteriosi e gli esili corpi femminili vestiti di bianco danzavano, in luoghi diversi dello spazio, in solitudine, le loro ansie e i loro sogni. Da quei gesti così intimi si sprigionavano molte emozioni, c'era bisogno di vedere danzare con tanta intensità gli angoli bui delle nostre vite. Spesso in primo piano, le relazioni tra uomini e donne, amplificate con gesti semplici e conosciuti, ci spiazzavano e ci liberavano. Ci facevano ripensare tutto a un tratto, in modo sorprendente e inatteso, a formule scadute ma tuttavia ripetute nella nostra società, nel nostro quotidiano. E Pina Bausch, insieme ai suoi danzatori, riflettevano e ci facevano riflettere, loro danzavano e noi danzavamo con loro dentro noi stessi.

"Palermo Palermo", la creazione realizzata dopo il suo soggiorno in Sicilia: chi non si ricorda quel muro che crollava in scena? Era un urto che si diffondeva con forza nella scena e fuori scena, continuando a emettere delle onde. Vere cascate di fantasie si succedevano davanti a noi, tra tormento e grida, penetrando il carattere della città, gli umori della gente.
Le creazioni dei suoi spettacoli sono vissute dalla Bausch come percorsi, dove i messaggi delle sensazioni vengono resi palpabili; lo si capisce soprattutto guardando la serie di coreografie create all'indomani dei suoi viaggi. Tanti, tantissimi i suoi lavori, da ricordare e rivedere, che ci hanno riempito l'anima e ci hanno fatto emozionare.

Teatrodanza, *i danzattori*

L'improvvisazione, l'intensità della ricerca, il lasciare un'opera aperta, inconclusa, in fieri; tutto ciò contrassegna il modo in cui i coreografi del Thanztheater svolgono le loro creazioni.
I continui scambi e le collaborazioni tra di loro fanno sì che la compagnia sia un laboratorio d'idee, "un collettivo narrante", dove il coreografo non è l'unico autore dell'opera.
Il tema principale del Thanztheater è la corporeità, si indaga e si mostrano le inibizioni del corpo nei diversi piani.
L'essere umano **con tutte le sue fragilità, paure, desideri e sogni**, verrà esplorato e riportato alla luce. Le contraddizioni e la ricchezza del mondo emozionale, la complessità dei desideri e delle relazioni umane sono i temi ricorrenti interpretati e danzati in scena.

NS

Carolyn Carlson

Danza meditazione continua

poesia visiva

"La danza è meditazione continua:
sull'effimero che avvolge la nostra vita,
sull'unicità della natura umana, sul tempo
che scorre inesorabile e sulla morte."
Carolyn Carlson

Come Isadora Duncan, Ruth Saint-Denis, Martha Graham, la Carlson appartiene alla coraggiosa schiera americana di danzatrici che hanno sentito la necessità di vivere la danza come un viaggio spirituale.

L'intuizione poetica si fa danza

di Nuria Sala

Inarrestabile è il lavoro coreografico di Carolyn Carlson, la sua danza pone la tecnica al servizio dell'immaginazione poetica e diventa poesia visiva. Un'immersione nella profondità della percezione, penetrando nello spazio-tempo anteriore al linguaggio, nella quiete della presenza, nella memoria del corpo, restituendo gli stati interiori ed estraendoli da sé per farli danza. Perché è lì, nel silenzio profondo del gesto, che la danza incontra e incarna le dimensioni invisibili dell'essere, scoprendo l'origine, il principio dell'espressione.

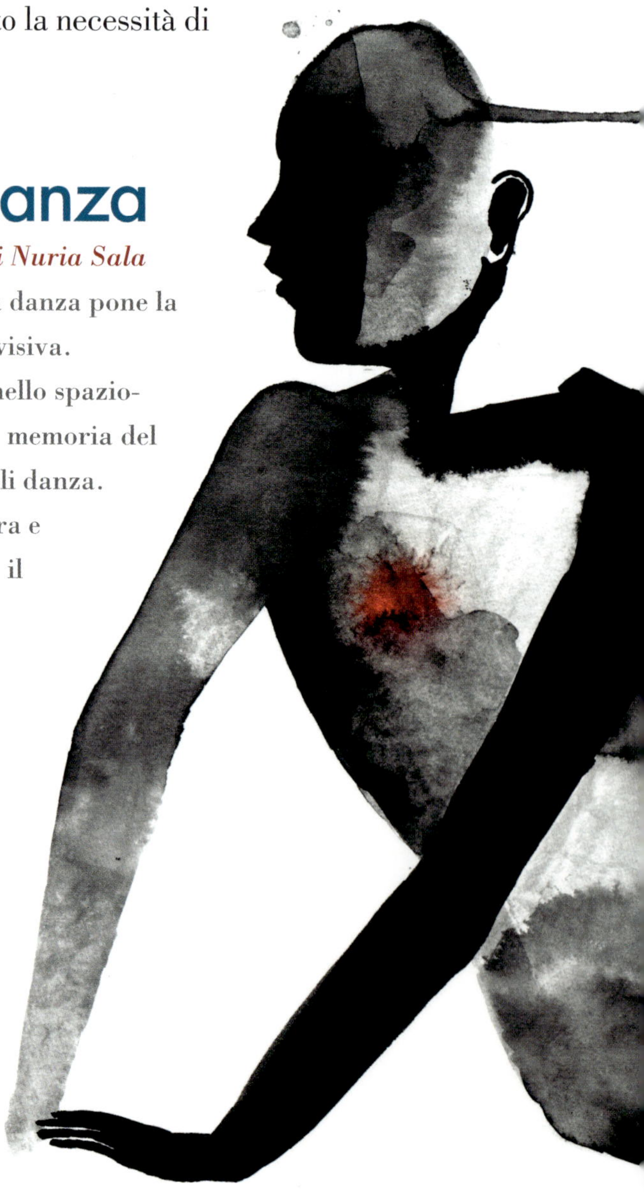

Nello stato del pre-movimento, della pre-danza, lì dove è in gestazione il simbolo, l'artista esplora. In questo non luogo, nei riflessi della coscienza, cerca i semi e l'ispirazione per trasformare i gesti in danza, in scrittura spaziale. Collocherà così **l'improvvisazione al centro del suo metodo di lavoro** "work in progress", dando spazio alla dimensione soggettiva del danzatore, al suo universo interiore e alla sua esperienza personale. Lei stessa ci parla del suo corpo liana, corpo lunare l'infinito nel finito abbracciare lo spazio visione cosmica

procedere: "*L'intuizione poetica diventa un'idea coreografica con la quale lavoro con i miei danzatori, li faccio improvvisare liberamente a lungo, li osservo, li stimolo, conservo i loro gesti che mi sono apparsi originali per passare poi alla creazione delle sequenze, raffinate all'essenziale, drammatizzate e cronometrate; e in fase finale le compongo come fossero pezzi di un puzzle*".

L'acqua è uno dei suoi temi preferiti, scorre nei suoi lavori in mille modi, ci sorprende con le composizioni danzanti e con i materiali che adopera, ridando ogni volta a questo elemento il suo valore primordiale. Le acque della laguna di Venezia saranno di grande ispirazione per il suo meraviglioso assolo "Blue Lady", è un autoritratto che ci svela il suo universo femminile; alternando costantemente le dimensioni del sogno e della realtà.

La Carlson si ferma a Venezia dall'80 all'85, invitata dal Teatro La Fenice, e **fonda una compagnia di giovani danzatori italiani**: Raffaella Giordano, Antonella Bertoni, Michele Abbondanza, Luisa Casiraghi, Roberto Castello, Giorgio Rossi, Francesca Bertolli, Roberto Cocconi... che in seguito daranno origine alla "nuova danza italiana". Con loro crea "Undici Onde", altro lavoro basato sull'idea dello scorrere dell'acqua, come espressione del movimento in continua metamorfosi, seguendo le regole dell'*I Ching*. I suoi viaggi in Estremo-oriente e i molti anni di studio e di pratica delle filosofie zen e del buddismo, influenzeranno profondamente Carolyn e il suo lavoro. In "Water Born" i miti e simboli legati all'acqua si fanno presenza, attualizzando i misteri dell'animo umano. Ofelia è il personaggio centrale sul quale si costruisce la coreografia, creata nella piscina di Bruay-La- Buissière. "Eau" è una creazione emozionante, dove si **danzano le acque del proprio corpo**, dal ventre della madre alle nostre lacrime. Con evocazioni commoventi, la scenografia di Alain Fleischer accompagna e si fonde con la coreografia, riflettendo con i suoi grandi specchi gli occhi della terra da dove si contempla il mondo. In "Immersion", Carolyn diviene donna d'acqua, incarnando le profondità insondabili di questo elemento.

in fuga dalla logica verso la poesia

CAROLYN CARLSON

La pittura e l'arte visiva sono una fonte d'ispirazione e di riferimento importantissime per tutti i suoi lavori: nel ciclo "Mundus Imaginalis", dove **i danzatori danno vita e movimento a dipinti, sculture, istallazioni contemporanee**, danzandoli e performando nelle gallerie d'arte e nei musei; o nell'evento coreografico sul lavoro di Anselm Kiefer durante la mostra Monumenta a Parigi; o in "Des vices e des vertus", il suo bellissimo lavoro sugli affreschi di Giotto della cappella degli Scrovegni di Padova; o ancora nel suo dialogo con i dipinti straordinari di Mark Rothko.

Fare vedere l'invisibile, congiungere al gesto emozioni e pensiero, rompendo e frammentando il discorso, in fuga dalla logica verso la poesia; la dinamicità del corpo, l'immediatezza del gesto, la sua sorprendente capacità di mutare e di commuovere: tutto questo è la forza e la meraviglia dell'arte che va diritta al cuore di chi la guarda.

un passo a due tra me e il video...

La sua intensa e continua collaborazione con artisti che hanno contribuito alle creazioni d'immagini e di video per le sue coreografie, traccia il suo legame tra danza e visione. Ricordo ancora "Double Vision" dove appare con un gigantesco costume immersa in un universo che cambia continuamente con gli impulsi dei suoi gesti: una sola pelle che copre la scena è in perpetua metamorfosi mostrandoci dimensioni e luoghi onirici, **per poi passare alla frenesia della città**, alla verticalità, alle sequenze. La doppia visione ci offre un'esperienza della percezione, schiudendo mondi paralleli dove spazio-tempo e sogno-realtà si dissolvono. L'arte compie l'alchimia che ci permette di gustare "l'infinito nel finito".

NS

In Francia, sua terra d'adozione, ha creato una sua compagnia collaborando con numerosi artisti e istituzioni importanti come l'Opera di Parigi e con creazioni straordinarie: "Densité 21,5" omaggio a Varèse, "Rituel pour un rêve mort" con la compagnia d'Anne Béranger, "Sablier-Prison" con il musicista John Surman, "Wind, Water, Sand", "The beginning" e "The end" con la cantante Michèle Collison, "Il y a Juste un instant" con Larrio Ekson con cui formerà una coppia danzante meravigliosa.

“Amo rendere incerto ciò che metto in scena e sviluppare ciò che definisco come poetica della “scomparsa”. La penombra permette d’immaginare e lo spettatore si reputa troppo spesso onnipotente. Ma né lui, né io possiamo insegnare nulla. Lo schermo televisivo permette di vedere tutto. È una forma d’autorità. Il palcoscenico conserva sempre i suoi misteri e dona un’altra percezione delle cose. “Benvenuti a ciò che credete di vedere!”

William Forsythe

“ I miei spettacoli nascono sempre dalla stessa domanda: è possibile danzare verso il futuro senza tradire le proprie radici? Credo che sia possibile, ma per farlo ho dovuto usare il mio corpo come un punto d’incontro tra tradizione e modernità.”

Fernando Anuang’a, danzatore e coreografo keniota

“Nella danza tradizionale indiana il modo di trasmettere l’insegnamento sta cambiando, il danzatore deve essere più preparato, deve avere più coscienza del suo corpo, non soltanto copiare i movimenti ma pensare e chiedere. La rete, i libri… oggi c’è molta più informazione…”

“Quando iniziai, la danza contemporanea in India non interessava a nessuno, oggi invece tutti i danzatori vogliono avvicinarsi alla danza contemporanea. Oggi finalmente il dialogo tra la danza tradizionale e la danza contemporanea in India si è aperto, ci sono palcoscenici e luoghi per parlare e discutere sulle nuove possibilità e direzioni.”

Astad Deboo, coreografo indiano

“La tecnica deve essere al servizio dell’arte, è molto importante per danzare imparare a usare il corpo, ma senz’arte non hai anima. Per un danzatore che si esprime con il corpo, è importante tutto, da uno sguardo fino a un zapateado. L’innovazione è legata alla personalità d’ogni artista, a quello che ognuno vuole esprimere.”

Mercedes Ruiz, danzatrice e docente di flamenco

“I danzatori d’America potranno essere ebrei e spagnoli e russi e orientali, così come indiani e neri. La loro danza conterrà un’eredità proveniente da tutte le nazioni ma verrà trasfigurata dal ritmo e dominata dalla psiche di questa nuova era.”

Martha Graham

“Tutto nella vita è un
nello scoprirlo, realizzando
eccetto lo stesso passo
torniamo nel seno della
dalla quale

gioco e la fede consiste
che non vi è nulla di definitivo,
di danza con il quale
divinità
eravamo partiti."

Raimon Panikkar

"La verità è la danza cosmica e quando siamo consapevoli di muoverci nel ritmo della verità cosmica e ci muoviamo con lo stesso ritmo del danzatore, allora la vita ha la sua vera comprensione."

Arrigo Chieregatti

C'è una verità nella danza che è quella del presente, dell'istante, che si sottrae all'accumulo di giudizi e di pensieri e ogni volta ci riporta al gioco incessante dell'esistenza. "L'arte della danza", scrive Caterina Di Rienzo, "ci costringe a rivalutare la dimensione passeggera, la perdita, il dissolvimento e a guardarli da un punto di vista diverso, non come momenti inconsistenti, incapaci di durare, ma come elementi riscattati dalla banalità." La verità è la danza cosmica e ciò che si richiede è un corpo cosmico, accogliente, riconciliato: con il passato e con il futuro, con la propria mente e la propria morte. Perché la danza non ha

contraddizioni, non ha dualismi, si dispiega in un tempo eterno che è quello del presente; supera la dualità, oltrepassa i contrari, porta il corpo al di là del corpo.

"Voglio danzare me stesso, portare il corpo al di là del corpo."
Saburo Teshigawara

La danza ci fa partecipare al movimento di creazione, alla corrente dell'esistenza, istante per istante mentre si produce, mentre diviene, senza le continue interruzioni dei nostri ripensamenti. Non c'è indagine, non c'è pensiero, non c'è scelta, non c'è il prima, non c'è il dopo, se davvero si danza. Tutto è finalmente qui, la totalità dell'essere è presente, se ci si ferma a riflettere, a spiegare, usciamo dal ritmo, andiamo "fuori tempo" e perdiamo noi stessi.

Immagini e autori

Riportiamo le illustrazioni originali eseguite dagli allievi da cui sono state tratte le immagini impaginate.

Martina Messori

Luisa Faletti

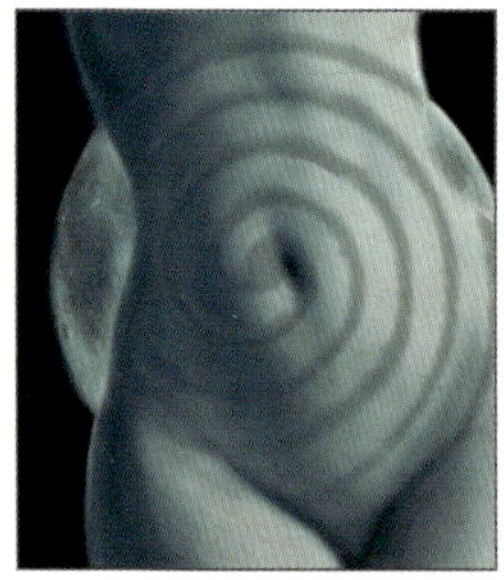
Eleonora Vertova Invernizzi

Luca Tintori

Valentina Moscon

Martina Messori

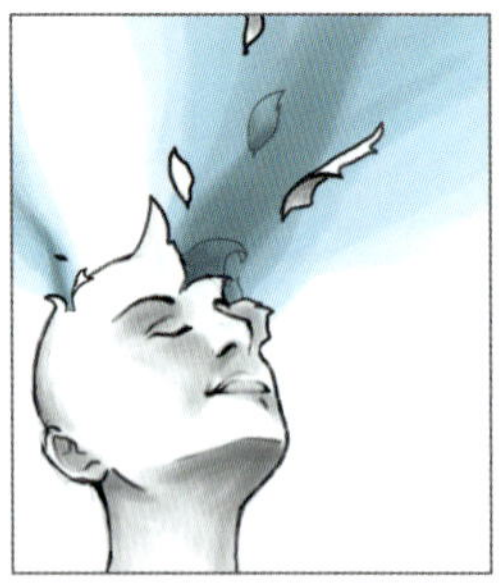
Mariavittoria Romano

Salvatore Palazzo

Laura Manicardi

Rossella Grossi

Tania Mazza

Irene Spallanzani

Irene Spallanzani

Rossella Grossi

Barbara Petris

Lorenzo Conti

Alice Coppini

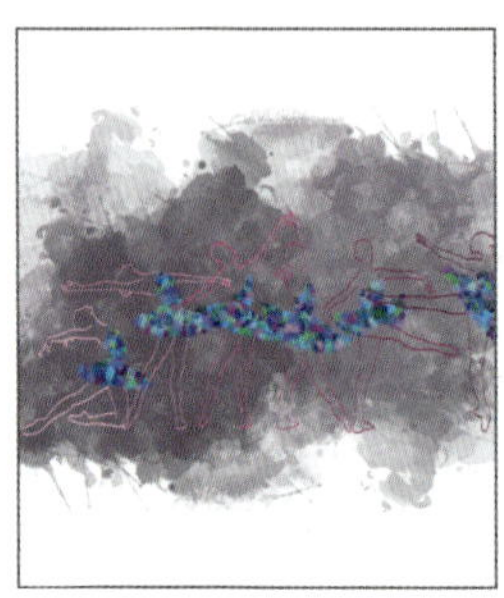
Martina Zullini

Marianna Tomaselli

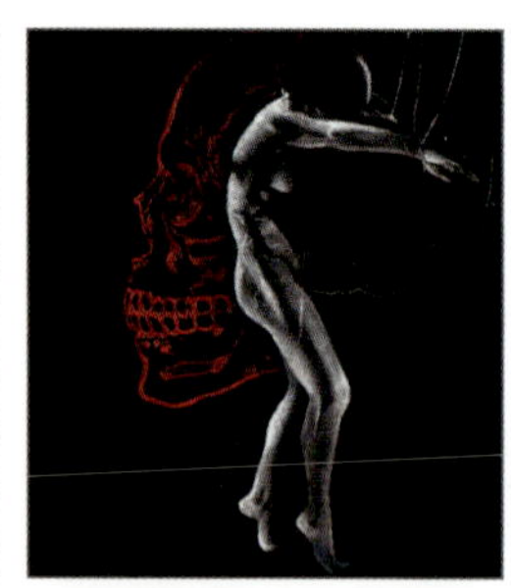
Ilaria Zanella

Ilaria Zanella

Valentina Moscon

Ilaria Zanella

Isabella Giorgini

Stefano Bosi Fioravanti